PATRICK LANGE

BECOMING IRONMAN

PATRICK LANGE

BECOMING IRONMAN

Mein Weg zum Weltmeister im Triathlon

Unter Mitarbeit von Carola Felchner

riva

Bibliografische Information der Deutschen Nationalbibliothek
Die Deutsche Nationalbibliothek verzeichnet diese Publikation in der Deutschen Nationalbibliografie. Detaillierte bibliografische Daten sind im Internet über https://dnb.de abrufbar.

Für Fragen und Anregungen
info@m-vg.de

Wichtiger Hinweis
Ausschließlich zum Zweck der besseren Lesbarkeit wurde auf eine genderspezifische Schreibweise sowie eine Mehrfachbezeichnung verzichtet. Alle personenbezogenen Bezeichnungen sind somit geschlechtsneutral zu verstehen.

Originalausgabe
6. Auflage 2026

Türkenstraße 89
80799 München
Tel.: 089 651285-0

Redaktion: René Stein
Umschlaggestaltung: Münchner Verlagsgruppe GmbH
Umschlagabbildung: © Tino Pohlmann
Abbildungen im Bildteil: © privat (wenn nicht anders angegeben)
Satz: abavo GmbH, Buchloe
Druck: ScandBook, Litauen
Printed in the EU

ISBN 978-3-7423-1741-4

Inhalt

Absoluter Rekord

»Mann, jetzt hör doch mal auf!« Meine Schwester Jenni ist genervt. Sie ist knapp sieben, stolze dreieinhalb Jahre älter als ich, und hat nicht das geringste Verständnis für mein liebstes Hobby: stundenlang durchs Haus rennen und Motorengeräusche machen. Dabei ist das doch das Gleiche wie bei Papa. Der ist Fahrlehrer und darf den ganzen Tag im Auto rumfahren. Mit Motorengeräusch. Meine Mutter sieht das Gerenne entspannt, solange nichts zu Bruch geht, und zum Glück ist unser Haus groß genug! Für uns vier und für eine Rennstrecke.

Unser Haus, das steht in Bad Wildungen, einem Städtchen in Nordhessen, rund 150 Kilometer von Frankfurt entfernt und 12 000 von Kona, Hawaii. Gut 17 000 Einwohner leben dort, und neben Schloss Friedrichstein, das auf einem Hügel thront und in dem jene Grafentochter gelebt haben soll, die den Gebrüdern Grimm als Vorlage für Schneewittchen diente, gibt es hübsche Fachwerkhäuser sowie den größten Kurpark Europas. All das interessierte mich allerdings herzlich wenig. Bis auf die Hügel. Und die auch nur, wenn ich auf einem stand und so schnell wie möglich hinuntersausen konnte. Es traf sich also gut, dass wir an einer Anhöhe wohnten. Sobald ich halbwegs dazu in der Lage war, mich auf einem Fahrradsattel zu halten, düste ich dort mit Freude und Vollgas hinunter, wann immer sich die Gelegenheit dazu bot. Warum meine ältere Schwester ihr Rad grundsätzlich nach unten bis zur Senke schob, war mir ein Rätsel – sie verzichtete freiwillig auf den besten Teil! Jeder Versuch, sie doch einmal zu einem Wettrennen zu überreden, endete mit diesem Blick aus Mitleid und Verachtung, den nur große Schwestern draufhaben, deren kleine Brüder einfach nicht kapieren wollen, dass sie keinen Bock haben. Jenni war sportlich, hörte aber lieber Musik und tobte sich später auf alternativen Festivals aus, worauf ich wiederum keinen Bock haben sollte.

* * *

Ich feierte meine eigenen Festivals. Die Abfahrt war meine Bühne, und die Band bestand aus dem Brummen der dicken Gummireifen meines Kinderbikes, die über den groben Asphalt rumpelten, dem Pfeifen des Fahrtwinds, der meine Augen tränen ließ, und einem »Unten aber bremsen!«, das mir Mama oder Papa mitgaben, wenn sie mal einen meiner Downhillstarts mitbekamen.

Generell nahmen meine Eltern meine Leidenschaft für schnelle Fortbewegung gelassen. So, wie sie überhaupt das meiste, was meine große Schwester und mich betraf, gelassen nahmen. Sie schritten nur ein, wenn es wirklich eng wurde, beispielsweise als die Schule sich zunehmend besorgt über meine mangelnde

Konzentrationsfähigkeit und die Noten äußerte, die sich im Sinkflug befanden. Da schleppte mich meine Mutter zum Arzt, der dann auch prompt die Hyperaktivitätsstörung ADHS diagnostizierte. Als er mir aber Medikamente dagegen verschreiben wollte, machte sie ihm unmissverständlich klar: »Der Junge braucht keine Pillen. Der geht ab jetzt zum Sport.« Vielleicht lag diese Lockerheit darin begründet, dass die beiden früh Eltern geworden waren, hatte meine Mutter Jenni doch schon mit 18 Jahren bekommen. Vielleicht lag es aber auch daran, dass in unserer Nachbarschaft das gängige Erziehungsmodell darin bestand, die Terrassentür aufzumachen, den Nachwuchs hinauszuscheuchen und abends zu kontrollieren, ob sämtliche Kinder inklusive aller Gliedmaßen wieder da waren. Meistens war das der Fall. Manchmal nicht. Eines dieser Manchmals begann mit dem Satz: »Komm, wir bauen mal eine richtig geile Schanze!« Ausgesprochen von meinem Cousin Sascha, vier Jahre älter, Torwart beim lokalen Fußballclub TV Friedrichstein und damals mein absoluter Held. Heute ist er Architekt, was sich damals schon abzeichnete. Immer, wenn wir zusammen spielten – und das taten wir oft –, bauten wir etwas: Baumhäuser, Seifenkisten, Sprungschanzen ... Unzählige Male fielen wir irgendwo runter, heraus oder mit irgendwas um. Oft war es damit getan, sich den Dreck von den Klamotten zu klopfen und zu schwören, es »niemals den Eltern zu verraten«.

* * *

Ein Konzept, das an eben jener »richtig geilen Schanze« von 80 Zentimetern Höhe kolossal scheiterte. Akribisch hatten mein Cousin und ich den Schnee für den Sprungteller aufgeschüttet und festgeklopft, erste Flugversuche mit dem Schlitten waren zufriedenstellend verlaufen. Da es mittlerweile aber dunkel war, verabredeten wir uns für den nächsten Tag, um »dann mal die richtigen Sprünge« zu machen. Was wir nicht bedacht hatten: Über Nacht war der Schnee gefroren und zu einer brettharten Piste mutiert. Ich stellte lediglich erfreut fest, dass der Schlitten viel schneller wurde als am Vortag. Unbedarft und mit vollem Vertrauen in meine springerischen Fähigkeiten holte ich Schwung. Der Schlitten beschleunigte ordentlich, ich klammerte mich an die Holzstreben, spürte die leichten Vibrationen des Bodens unter den Kufen, sah die Schanze auf mich zuschießen. Genau auf die Mitte. Perfekt! Ich sauste viel zu schnell über den Schanzenteller, hob ab, flog … flog … und landete, jedoch ohne Schlitten und ziemlich unglücklich. Mein Geschoss und ich hatten uns in der Luft getrennt. Mit einem dumpfen »Plock« klatschte ich auf die eisige Schneefläche, rutschte noch ein Stück und blieb dann erst mal liegen, benommen und verdutzt.

Als ich mich wieder aufrappelte, sah ich zuerst meinen Cousin auf mich zustürzen und dann, dass mit meinem linken Arm etwas nicht stimmte. Ein Teil hing einige Zentimeter tiefer, als er eigentlich sollte. Richtiggehend abgeknickt war er. Mir wurde schummerig. Panik stieg in mir auf, langsam verdrängte der Schmerz den Schock.

Ich rechne es meinem Cousin hoch an, dass er bei diesem Anblick nicht umgekippt ist, sondern es irgendwie geschafft hat, mich nach Hause zu schleppen. Meine Eltern waren eher erschrocken als wütend, packten mich ins Auto und fuhren mich ins Krankenhaus. Die Diagnose: Fraktur von Elle und Speiche im Bereich des Handgelenks, der Arm musste operiert werden. Wochenlang trug ich einen Gips, unter dem es zudem fies juckte. In dieser Zeit war Herumtoben tabu. Aber in meinem Innersten muss es mir das wert gewesen sein. Als ich nach der OP im Aufwachraum kurz die Augen aufschlug, ließ ich den verdutzten Krankenpfleger, der an meinem Bett stand, wissen: »Das war absolute Rekordweite.«

Vom Kart zum Cross

Aktiv zu sein, sich zu bewegen, Sport zu machen, das war bei uns Familienalltag. Meine Mutter Carmen war eine passionierte Reiterin, fuhr Mountainbike und war zu Schulzeiten eine respektable Leichtathletin gewesen. Sie war ein Wettkampftyp und ziemlich zäh, aber auch sehr feinsinnig, mit einem guten Gespür für Menschen, die gern und oft bei uns zu Hause ein- und ausgingen; das galt auch für Tiere. Seit ich denken kann, waren immer irgendwelche Vierbeiner um uns herum: Hunde, Katzen, Hasen und Pferde waren Teil meines Alltags.

Mein Vater Wolfgang war Mitglied im Leichtathletikverein TV Friedrichstein und ein leidenschaftlicher Läufer, der durchaus Ambitionen hatte und mit einer Marathonzeit von knapp über drei Stunden auch schnell unterwegs war. Sport bedeutete für ihn in erster Linie aber Spaß und Geselligkeit. Er hatte über den Verein und das Laufen viele Freundschaften geschlossen und Bekanntschaften gemacht, nahm aktiv am Vereinsleben teil. Die Begeisterung meines Vaters war ansteckend, besonders bei mir. Ich fand es toll, bei Läufen am Streckenrand zu stehen, vor allem bei Marathons. Es faszinierte mich, dass Menschen so lange rennen konnten. Noch lieber aber wäre ich selbst mitgelaufen. Mein Gebettel, bitte, bitte mal auf eine Trainingsrunde mitkommen zu dürfen, blieb jedoch lange ungehört. Bis ich zwölf war, musste ich mich gedulden. Dann aber war es so weit: der erste Lauf mit »Wolle«. Noch heute weiß ich ganz genau, welche Schuhe ich dabei getragen habe. Die Runde durch den Stadtwald Bad Wildungen kann ich bis heute aus dem Kopf nachzeichnen. Mit jedem Kilometer fühlte ich mich bestätigt: Laufen, das ist cool! Ich machte das Gleiche wie Papa. Als Kind war mein Vater mein großes Vorbild. Wir unternahmen viel, schon vor dem gemeinsamen Laufen. Als meine Eltern sieben Jahre nach mir meine kleine Schwester Jacqueline bekamen, splitteten sie die Wochenenden oft auf: Meine Mutter ging mit Jenni und Jaci zu den Pferden, während Papa und ich die Autohäuser der Umgebung abfuhren und nach passenden Autos für die elterliche Fahrschule schauten.

Ich liebte es, mit ihm unterwegs zu sein, und streifte zwischen den ausgestellten Fahrzeugen herum, während mein Vater mit den Autoverkäufern verhandelte. Waren wir mal nicht unterwegs, putzten wir samstags die Fahrschulautos und -motorräder in der Einfahrt unseres Hauses in Bad Wildungen und hörten dabei die Fußball-Bundesligakonferenz im Radio. Eine Tätigkeit, zu der man mich – im Gegensatz zum Zimmeraufräumen – nie lange überreden musste. Ebenfalls schnell überzeugen konnte man mich von einem Formel-1-Nachmittag. Die schnittigen Boliden faszinierten mich. Das

Luftflirren über den Wagen in der Startaufstellung, der Reifenwechsel innerhalb von Sekunden, das Taktieren, die Champagnerdusche auf dem Podium ... all das beeindruckte mich sehr. Vor allem die Motorengeräusche. Und was für welche.

* * *

Michael Schuhmacher, der ziemlich oft auf dem Podium stand und an besagten Champagnerduschen beteiligt war, avancierte zu meinem ersten Profisport-Idol. Lief Sonntagnachmittag ein Rennen, saß ich vor dem Fernseher. Selbst mitten in der Nacht aufzustehen, um Live-Übertragungen aus Ländern mit Zeitverschiebung zu verfolgen, machte mir nichts aus. Im Gegenteil. Ich mochte die besondere Stimmung so früh am Morgen, die aufziehende Dämmerung und die Stille. Die hielt allerdings nur so lange an, bis das Fahrerfeld losschoss und ich Schumi oder besser den Fernseher anbrüllte, er solle jetzt »verdammt noch mal in der Kurve nach vorn ziehen«, während ich auf dem Sofa herumsprang vor Begeisterung. So angetan war ich von der Formel 1, dass ich mit zwölf Jahren eine kurze und erfolglose Kart-Karriere startete, die mit 14 bereits wieder vorbei war. Zu teuer, zu aufwendig, kein herausragendes Talent. Geblieben ist die Liebe zu schnellen Autos. Und die Erkenntnis, dass ich für andere Sportarten geeigneter bin.

* * *

Diese anderen Sportarten versuchte ich, mit der mir höchstmöglichen Geschwindigkeit zu betreiben. So hasste ich es beispielsweise, langsam zu laufen, weshalb ich bereits mit 13 Jahren auf eine doch respektable 1000-Meter-Zeit von 3:16 Minuten kam. Allerdings kostete mich dieser Bewegungsdrang auch den Job als Torwart in der Jugendmannschaft unseres Fußballvereins. Ruhig zwischen den Pfosten zu stehen und dann auf den Punkt da zu sein, wenn der Ball mal auf mich zugeflogen kam, fand ich langweilig. Dabei war ich erst ganz wild darauf gewesen, im Tor zu stehen, schließlich spielte mein Cousin Sascha auf der gleichen Position. Mein Trainer bemerkte natürlich, dass ich nicht das Paradebeispiel eines Torhüters war. Deshalb nahm er mich eines Tages zur Seite, klopfte mir auf die Schulter und sagte: »Weißt du, Patrick, ich glaube, du hast einfach nicht das optimale Profil für einen Torwart. Lass uns was anderes ausprobieren.« Ab da spielte ich im Mittelfeld, und schon bald fühlte ich mich in meiner neuen Position wohler, als ich es im Tor je getan hatte. Ich spurtete auf dem Platz herum wie ein Irrer. Auch dann noch, wenn meine Mannschaftskollegen schon keuchend auf dem Rasen lagen, was mir den (durchaus respektvoll gemeinten) Ruf einbrachte, »ein bisschen bekloppt zu sein«.

Als ich mit zwölf offiziell mit dem Laufen anfangen durfte, verlor ich allerdings schnell das Interesse an Fußball. So richtig erwärmen können hatte ich mich dafür ohnehin noch nie. Viel spannender fand ich die Crossläufe, zu denen mich mein Vater mitnahm und für die ich immer bis in die Haarspitzen motiviert war. Die Tasse, die ich beim Feuerwehrlauf Mönchengladbach gewann, stand noch jahrelang wie ein Pokal in unserer Küche. Ein Grund für meinen Ehrgeiz war Papa. Ob er es nun wollte oder nicht: Er sollte stolz auf mich sein.

* * *

Lebhaft erinnere ich mich zum Beispiel an den Herkuleslauf, einen knapp sieben Kilometer langen Berglauf in Kassel mit rund 370 Höhenmetern. Am Start tummelten sich sowohl Hobbysportler als auch ambitionierte Spezialisten. Es war ein bunter Mix aus Läufern aller Leistungsklassen, und die Luft flirrte vor Gelächter und Gesprächsfetzen. Ich stand neben meinem Vater in der Menge, fest entschlossen, eine Bombenleistung auf die Schotterwege zu brennen. Eine Startnummer war und ist für mich die gedruckte Aufforderung, alles zu geben. Ob wissentlich oder nicht, goss mein Vater noch Öl ins Ehrgeizfeuer: »Guck mal, siehst du die Männer da vorn?«, fragte er und zeigte auf ein paar sehnig-schlanke Typen in Flattershorts in der ersten Reihe. »Wenn du gewinnen willst, dann musst du dich an die halten.« Er grinste, er hatte sich einen Spaß erlaubt, aber das bekam ich gar nicht mit. Für mich war klar, was ich zu tun hatte: Durch die anderen Läuferinnen und Läufer schlängelte ich mich nach vorn und positionierte mich in der ersten Startreihe. Aufgeregt wartete ich auf den Startschuss, und als der endlich ertönte, sprintete ich los, als sei ein

Rudel wilder Hunde hinter mir her. War das geil! Es fühlte sich an wie Fliegen! Für ungefähr 500 Meter. Dann machten meine Beine zu, noch bevor der Anstieg überhaupt begonnen hatte.

Trotz kompletter Überanstrengung widerstand ich der Versuchung, einfach stehen zu bleiben. Aufgeben war noch nie eine Option. Aus heutiger Sicht sage ich: So eine Startnummer ist immer auch ein Vertrag mit mir selbst, nur dann nicht weiterzumachen, wenn es gesundheitsgefährdend wäre. An diesem Tag lernte ich von meinem Vater ganz nebenbei eine wichtige Lektion:

Bleib realistisch. Mach, was dein Körper dir sagt, und nicht, was die anderen machen.

Mir blieb an diesem Tag im hessischen Wald also nichts anderes übrig, als in einen gemächlicheren Trab zu fallen und zähneknirschend dabei zuzusehen, wie Läufer um Läufer an mir vorbeizogen. Auch mein Vater.

Die Sache mit den Stollenreifen

Was die Umgebung von Bad Wildungen massenhaft zu bieten hat, sind wunderschöne Landschaften. Hauptsächlich Wald. Da bot es sich an, so viel Leben wie möglich nach draußen zu verlegen. Auch den Sport. Zum Crosslauf gesellte sich im Alter von ungefähr 13 Jahren das Mountainbiken. Das hatte zunächst ganz pragmatische Gründe: einen Wettkampf. Bald schon aber hatte ich daran so viel Spaß, dass es dem Laufen Konkurrenz machte. Verdrängen konnte das Mountainbike meine Laufambitionen zwar nicht ganz, jedoch verschob sich die Lauferei immer mehr in den Winter, wenn es zu kalt war zum Biken. Die wärmeren Monate verbrachte ich größtenteils auf Trails und Stollenreifen. Mein gesamtes Konfirmationsgeld floss in mein erstes MTB: ein ziemlich schweres schwarzes No-Name-Bike mit gelber Federgabel, das ich mit jeder Menge Stickern verzierte – meinen »Sponsorenaufklebern«.

Gekauft hatte ich es im BikersPoint, einem lokalen Radladen, in dem ich später ab und zu im Verkauf und als Mechaniker jobbte. Schuld an dieser ersten großen Investition war ein Bikeathlon bei uns im Ort, ein Wettbewerb bestehend aus 20 Kilometern Rad fahren und fünf Kilometern Laufen. Überall hingen die Plakate. Ein Sportwettkampf! Den wollte ich sehen - und so ziemlich alle anderen Bad Wildunger auch. Die Strecke, die direkt durch den Ortskern führte, war gesäumt von Menschen. Alle jubelten den Sportlern zu, es war eine einzige große Party. Ich war hin und weg!

»Probier es doch nächstes Jahr auch mal«, schlug meine Mutter vor. »Laufen kannst du doch.« Fehlte nur noch das Mountainbike. Ein Sportgerät, über das ich mir bis dato nicht viele Gedanken gemacht hatte. Durch den Anreiz, damit einen Wettkampf bei uns vor der Haustür zu bestreiten - und am besten auch zu gewinnen -, bekam es aber plötzlich eine so große Attraktivität, dass ich sogar bereit war, mein Konfirmationsgeld dafür zu opfern.

Und was soll ich sagen? Es war meine bis dato beste Investition neben dem Eis am Stiel im Freibad. Mountainbiken gehört vor allem in der Off-Season, wenn keine Rennen anstehen, bis heute zu meinem Trainingsalltag. Wenn ich irgendwann meine professionelle Triathlonkarriere beende, werde ich mir ein Highend-Fully zulegen und die ganzen Strecken fahren, die jetzt noch zu riskant sind. Damals machte ich mir über Risiken allerdings keine Gedanken, war mir ihrer häufig nicht einmal bewusst. Da ich von Fahrtechnik keine Ahnung hatte, ging ich einfach davon aus, dass das Bike schon über Wurzeln und andere Hindernisse drüberrollen würde. Meist machte es das auch. Ich war sehr viel mit dem Rad unterwegs und schaffte auf Anhieb lange Strecken.

Manchmal begleiteten mich ein paar Jungs aus meinem Schuljahrgang, Karsten, Sebastian und Florian. Oft war ich aber auch allein unterwegs.

* * *

Durch die vielen Kilometer auf dem Mountainbike bekam ich immer mehr Routine und wurde technisch besser, den Rest an Know-how in puncto Fahrtechnik holte ich mir aus Fachzeitschriften. Während andere *Bravo* lasen, verschlang ich das *BIKE*-Magazin. Dabei besitze ich kein großes Koordinations-Talent, der lokale Leichtathletikverein wird das bestätigen. Springen, Sprinten, Werfen ... Alles, was ich beim Eingangstest mit zwölf Jahren machen sollte, konnte ich nicht besonders gut. Lediglich der Konditionstest, den sie mich hauptsächlich aus Ermangelung weiter Optionen machen ließen, fiel überdurchschnittlich gut aus.

Diese Kondition kam mir auf den Bad Wildunger Trails zugute, die mir mit 14 Jahren, knapp ein Jahr nach meiner ersten Mountainbiketour, aber nicht mehr genügten. Ich wollte sehen, wie gut ich im Vergleich zu anderen war. Wie ich mich anstellte, wenn die Wettkampfuhr tickte. Zum Glück war es nicht mehr lange hin bis zum Bikeathlon, dem ich entgegenfieberte wie sonst nur dem letzten Schultag vor den Sommerferien. Noch immer rechnete ich mir Siegchancen im Jugendrennen aus. Oder besser: jetzt erst recht. Dass nicht mein gesamtes Umfeld diese Einschätzung teilte, störte mich nicht.

Am besten bin ich, wenn mich niemand auf dem Schirm hat und ich ohne Druck in den Wettkampf gehen kann.

Das war mir damals nicht klar, funktionierte aber. Ab dem Moment, in dem der Startschuss fiel, war ich wie im Tunnel. Ich weiß nicht mehr viel von der Strecke oder dem Rennverlauf, außer dass ich mich sehr anstrengen musste. Ich kämpfte. Allein deshalb, weil ich es so toll fand, dass da Menschen am Straßenrand standen, die jubelten und klatschten, nur weil ein paar Leute vor ihren Augen Sport machten. Ich wollte ihnen unbedingt zeigen, dass ich diesen Applaus verdiente. Nach dem Wechsel vom Rad auf die Laufstrecke sammelte ich noch einmal alles an Energie zusammen, rannte, so schnell ich konnte, und schaffte es tatsächlich, als Erster über die Ziellinie zu sprinten! Ich sprang herum wie wild, jubelte und reckte die Arme in die Luft, als hätte ich gerade Gold bei den Olympischen Spielen gewonnen. Wie großartig es doch war, dieses Gewinnen. Ich bekam Glückwünsche, eine Finisher-Medaille und von meinen Eltern ein großes Spaghetti-Eis als Siegprämie. Es war vielleicht das erste Mal, dass ich das Gefühl hatte, etwas richtig gut zu machen und dafür wertgeschätzt zu werden. Dieses Gefühl wollte ich öfter haben.

* * *

Als Nächstes stürzte ich mich ins Mountainbike-Renngeschehen. Mein erster Wettkampf war in Naumburg bei Kassel. Start und Ziel befanden sich auf einem Parkplatz an einem Waldrand. Ein paar Pavillons standen herum, in denen Fahrradgeschäfte und Bikeaccessoire-Anbieter ihre Produkte ausstellten, und überall roch es nach Sixtus-Startöl. Ein Duft, den ich noch heute mit Wettkampf verbinde. Die älteren Jungs und Mädels rieben sich damit die Beine ein, dazwischen nuckelten sie irgendwas aus kleinen Fläschchen. *Dopen die etwa?*, überlegte ich aufgeregt.

Sie wirkten professionell auf mich, beinahe so professionell wie die herausragenden Profi-Radfahrer dieser Zeit, Jan Ullrich und Lance Armstrong. Meine damaligen Helden, die mich dann jedoch zutiefst enttäuschten. In jungen Jahren waren das meine Idole gewesen. Ich hatte ihnen zugejubelt. Spätestens durch den Festina-Skandal 1998, eine riesige Dopingaffäre und eines der wohl dunkelsten Kapitel des Radsports, wurde mir jedoch bewusst, dass ich das zu Unrecht getan hatte. Ich werde nie das Gefühl vergessen, das ich hatte, als mir als kleiner Junge von einem Tag auf den anderen meine Radsportidole weggenommen wurden. Für die Menschen, zu denen ich einst aufgeschaut hatte, hatte ich kein Verständnis und empfand nur noch Verachtung.

In diesem Moment wusste ich, dass ich niemals einen anderen Menschen so enttäuschen wollte. Dass es mein Anspruch ist, den Fans des Triathlonsports und deren Jugend zu zeigen, wozu der menschliche Körper imstande ist – ohne dass dabei Kindheitsträume zu Bruch gehen, weil illegale Methoden angewendet werden.

* * *

Eine weitere klare Position zu diesem Thema vermittelte mir mein Vater von klein auf, er hatte mir schon bei unserem ersten Lauf eingebläut: »Patrick, mach, was du möchtest. Aber wenn du zu verbotenen Mitteln greifst, hast du meinen Respekt verloren. Dann brauchst du mir nicht mehr unter die Augen zu treten. Bevor du denkst, Dopen sei eine Option, oder dich jemand dazu zu zwingen versucht, wirf unbedingt das Handtuch.« Wie für mich, so ist es auch für ihn das Schlimmste, wenn der Erfolg durch unlautere Mittel ergaunert wird. Ansonsten ein sehr meinungsoffener Mensch, war dieser Punkt für ihn nicht verhandelbar. Da er jedoch nicht nur strikt gegen Doping war, sondern mir immer auch die Sicherheit gab, dass seine Liebe, sein Respekt und seine Wertschätzung für mich nicht von Platzierungen abhingen, habe ich noch nie auch nur ansatzweise daran gedacht, zu solchen Methoden zu greifen. Selbst in Phasen, in denen ich dringend ein paar sportliche Erfolge gebraucht hätte, nur um überhaupt finanziell über die Runden zu kommen.

Ich bin überzeugt, dass es prägend ist, wie wir als Kinder und Jugendliche den Stellenwert von Leistung in unserem Leben vermittelt bekommen. Während ich heute oft den Eindruck habe, dass nur das Maximum gut genug ist, galt bei mir lediglich eine Regel, egal ob in der Schule oder im Sport:

Gib dein Bestes, dann kommt auch ein gutes Ergebnis dabei heraus.

Natürlich war das, was da auf dem Naumburger Parkplatz in den Fläschchen schwappte, nur irgendeine Zuckerlösung oder Sportgel, von dessen Existenz ich damals lediglich ebenso wenig Ahnung hatte wie von Wettkampfverpflegung oder taktischer Renngestaltung. Ich starrte auf den Zielbogen und stellte mir vor, wie es sein würde, da durchzufahren. Am besten als Erster. Der Wettkampf ging über mehrere Runden, und in meiner Gruppe, der U15, waren etwa 20 Starter, die alle das gleiche Ziel hatten wie ich: Gewinnen. Es wurde ein hartes Rennen gefahren, keiner schenkte dem anderen etwas, und ich musste ordentlich beißen, um vorn dabeizubleiben. Erst gegen Ende schaffte ich es, mich an die Spitze zu setzen, die letzten Kilometer dort zu bleiben und mein Premierenrennen auf dem Mountainbike tatsächlich zu gewinnen.

Ich war überglücklich, das Gefühl beim Durchfahren des Zielbogens war noch schöner, noch intensiver gewesen, als ich es mir vorgestellt hatte. Sicherlich auch deshalb, weil es das erste Mal war, dass ich gegen Jugendliche in meinem Alter, in meiner Leistungsklasse, angetreten war, die genauso ambitioniert waren wie ich. Bei den Crossläufen war ich meist der Jüngste. Die

Erwachsenen sagten mir zwar immer, wie gut ich das machte und wie super sie fanden, was ich da ablieferte, aber mir fehlte ein direkter Vergleich. Es war eine ungeheure Motivation für mich, gegen gleichaltrige Konkurrenz zu starten. Und ich war ziemlich erfolgreich, obwohl ich zunächst weder einen Verein noch einen Coach noch so etwas wie ein strukturiertes Training vorweisen konnte.

Man könnte sagen, ich hatte Feuer gefangen. Mehr noch: Ich brannte lichterloh. Unkontrolliert. Und vielleicht manchmal etwas mehr, als es vernünftig war. So meldete ich mich im Übereifer mit 15 Jahren zu einem Bike-Marathon an, einem Rennen über 120 Kilometer. Heimlich, mit gefälschter Unterschrift meiner Eltern. Sie reagierten cool, als sie es herausfanden. Vermutlich hatten sie sich schon gedacht, dass ich mir einen Wettkampf so nah an unserem Zuhause nicht entgehen lassen würde. Mein Vater kam sogar mit zum Anfeuern. Die Strecke verlief in einem Gebiet, in dem ich jeden Trail kannte. Nichtsdestoweniger war der Wettkampf eine Black Box für mich. So lange am Stück war ich noch nie gefahren – und die Strecke fühlte sich schier unendlich an. Das lag allerdings weniger an meiner Ausdauer als daran, dass ich kaum Verpflegung dabeihatte. Ich hatte schlichtweg nicht daran gedacht. Ins Ziel kam ich trotzdem irgendwie. Und genau dort zeigte mir mein Körper dann auch, wie ausgelaugt ich war. Der gut gemeinte Rat meines Vaters: »Locker dir die Beine ein bisschen, bevor du ins Auto steigst«, endete für mich zusammengekrümmt auf dem Boden. Als ich mein Fußgelenk mit der Hand zum Gesäß führte, um meine Oberschenkelvorderseite zu dehnen, schoss ein brutaler Krampf in den Muskel. Neben dem Schmerz spürte ich aber noch etwas anderes: lange Strecken, die liegen mir.

* * *

Ein knappes Jahr später, 2002, gewann ich den 120-km-Marathon in Zierenberg, rund 45 Autominuten von Bad Wildungen entfernt, und absolvierte außerdem eine 260 Kilometer lange Tour um Edersee, Möhnesee und Diemelsee. Das konnte ich, einfach so. Meine Schwester Jenni war genervt, weil ich ständig Radtouren mit der Familie unternehmen wollte. Meine Eltern freuten sich, dass ich etwas gefunden hatte, das mir Spaß machte. Sie unterstützten mich, und ich wollte ihnen (und mir) beweisen, dass ich ihre Unterstützung, den Chauffeurservice zu den Rennen und den Zuschuss zu meiner Ausrüstung wert war. Entsprechend wurden die Rennen immer emotionsgeladener. Klappte etwas nicht, hatte das Bike einen Defekt oder bildete ich mir einfach nur ein, dass es einen hatte, konnte es passieren, dass ich mitten auf der Strecke abstieg und das Rad in die Prärie pfefferte.

Das würde ich heute nicht mehr machen. Mein Material nehme ich nicht als selbstverständlich hin. Es ist kostbar. Das war zwar auch mein Mountainbike, schließlich steckte mein Konfirmationsgeld darin. Damals siegte jedoch noch öfter die Wut über die Dankbarkeit; und manchmal siegte auch mein Körper über meinen Kopf. Zum Bespiel beim Radmarathon im Zuge des BIKE-Festivals im nordhessischen Willingen, eines der größten Veranstaltungen seiner Art. Das Starterfeld war gut besetzt. Genau die Herausforderung, die ich suchte. Frech stellte ich mich in die erste Startreihe und ignorierte die irritierten Blicke der Profis neben mir, doch mit dem Startschuss heizte ich los wie ein Berserker. Im Profi-Pulk ging es hinaus aus dem Ort, dann eine Weile auf einer Straße entlang. Auf Asphalt rollte es sich noch geschmeidig im Windschatten, alles richtig gemacht, ich war voll dabei. Dann zweigte die Strecke ab in den Wald. Wie auch beim Herkuleslauf zogen meine Beine die Bremse. Nicht so hart, dass ich nicht hätte weiterfahren können. Aber doch in dem Maße, dass ich mir vorkam, als würde ich im Vergleich zu den davonziehenden Profis auf der Stelle treten. Dieses Mal habe ich mein Bike nicht weggeworfen. Ich habe die Zähne zusammengebissen, das Rennen beendet und bin als der mit Abstand jüngste Teilnehmer über diese Distanz am Ende auf Platz 26 ins Ziel gekommen. Nicht meine beste Vorstellung, aber auch nicht meine schlechteste. Und das Gefühl, anfangs eine Horde von 2000 Bikern hinter mir zu haben, das war schon genial.

* * *

Es hätte ewig so weitergehen können, und eine Weile tat es das auch. Doch dann kam das Rennen, das die Weichen für mich stellte, hin zum Triathlon. Mit einem Sturz. Natürlich, beim Mountainbiken stürzt man. Regelmäßig sogar, wenn man so viel fährt, wie ich es tat. Bisher war ich aber immer mit kleineren Blessuren davongekommen. Mal ein blauer Fleck hier, mal eine Schürfwunde da. Nichts Wildes. Eher Trophäen, die man in der Schule herumzeigen konnte.

In Abwesenheit heftiger Sturzerfahrungen war ich sehr selbstbewusst auf dem Mountainbike unterwegs. Geschwindigkeit gibt Sicherheit. Allerdings nicht immer. Nicht an diesem Tag. Einem sonnigen, einem perfekten für ein Mountainbike-Rennen. Dachte ich. Diesmal hatte ich mir nicht nur vorgenommen, meine Altersklasse zu gewinnen, ich wollte auch im gleichzeitig stattfindenden Rennen der älteren Jugendlichen ein Wörtchen mitreden. Das hieß: vom Start weg Gas geben. Damit ich das tun konnte, fuhr ich mich vorher auf einer abschüssigen Wiese auf dem Wettkampfareal warm. Sie war nicht sehr steil, aber es war ziemlich windig, da dort keine Bäume standen. Wohl aber ein paar Rampen. Ja, ich hätte um sie herumfahren können. Aber wer will schon einen Weg nehmen, der in der Szene »Chicken Trail« heißt? Ich nahm also Tempo auf. Und zum zweiten Mal nach meinem Schlitten-Crash wurde mir eine Schanze zum Verhängnis: Im Sprung erwischte mich eine Windböe. Ich versuchte noch auszugleichen, landete aber schief und schlug bei der Landung hart mit dem Kopf auf dem Boden auf.

Zum Glück trug ich einen Helm, der mich vor einer schlimmen Kopfverletzung bewahrte. Allerdings dröhnte mein Schädel ordentlich, Schulter und Rippen auf der Seite, mit der ich aufgeprallt war, schmerzten, und ich hatte jede Menge Abschürfungen. Meine Mutter, die mich zum Wettkampf begleitet hatte, hatte den Sturz selbst nicht gesehen. Sie bemerkte aber sehr schnell, dass ich nicht mehr auf dem Bike saß, sondern daneben lag. Sofort war sie bei mir: »Oh Gott, Patrick«, schnaufte sie, »du bist total bleich. Komm, wir packen deine Sachen und fahren heim.« Aber man fährt nicht zu einem Rennen, um dann kein Rennen zu fahren. War doch alles noch dran! Ich erklärte ihr, dass es mir super ging, und schaffte es tatsächlich, mich durchzusetzen. Der Wettkampf ging allerdings komplett in die Hose. Mein Körper schmerzte, vor allem Schulter und Hüfte protestierten. Tempo machen ging nicht, und auch der Kopf wollte nicht mitspielen. In gefühltem Schneckentempo zockelte ich über die Strecke und kam irgendwie ins Ziel. Geschafft? Von wegen. Auf dem Weg nach Hause versiegte das Adrenalin endgültig, und der Schmerz kam so heftig, dass ich gerade noch »Stopp!« nach vorn rufen konnte, bevor ich mich übergab.

Glücklicherweise hatte ich mir nichts gebrochen, vielleicht eine Gehirnerschütterung zugezogen, aber wer konnte das schon so genau sagen. Meine Mutter verordnete mir jedenfalls eine Zwangspause. Das Rad war tabu, Erholung angesagt. Und Reha. Die bestand darin, dass mich meine Mutter ein paarmal zu ihrer Freundin Dunja schickte, einer Osteopathin, die irgendwas von »ziemlich krumm und schief« murmelte, als sie anfing, mich zu behandeln. Das hielt ich zwar für maßlos übertrieben, doch es interessierte mich, was sie tat, schließlich hatte mein Vater eine Zeit lang als Physiotherapeut in der Bad Wildunger Klinik Parkhöhe gearbeitet. Da das gesamte Umfeld meines Vaters in vielerlei Hinsicht prägend für mich war, war es auch die Parkhöhe. Mit der dortigen Radsportgruppe durfte ich schon in frühester Jugend fahren. Bei den Schnellen. Meinen ersten Radsponsor, 2danger, bekam ich, weil ich in eben jener Gruppe am Berg den Firmenchef versägte. Der sah in mir ein Talent und stellte mir ein »gescheites Rad« hin. Später besorgte mir mein Vater in der Parkhöhe einen Praktikumsplatz in der Physiotherapie, und Michael Werner, einer der Ärzte und ein guter Freund meines Vaters, unterstützte mich nach der Schule nicht nur finanziell in der Ausbildung. Mit den Worten »Unterschreib da mal drauf. Ich weiß, dass das mal was wird auf Hawaii« kaufte er mir vor rund zwölf Jahren ein Rad ab.

* * *

Nach meinem Mountainbike-Crash sah es zunächst einmal aber nicht nach weiteren sportlichen Erfolgen aus. Die Sturzblessuren waren zwar nach einigen Wochen verheilt, doch die mentale Sperre wurde ich nicht los. Mein Kopf machte zu, sobald es bergab ging. Rückblickend hätte ich gleich nach dem Crash einen anspruchsvollen Downhill suchen und fahren müssen, damit die Angst keine Chance hat hochzukommen. Ich aber stieg zwei Wochen lang nicht aufs Rad. Wo ich früher entlanggekachelt war, ohne mir Gedanken über den Untergrund zu machen, bremste ich nun ab, weil ich fürchtete, die Wurzeln könnten rutschig sein. Mit so einer Einstellung hatte ich keine Chance mehr bei Mountainbike-Rennen. Und ohne Chance hatte es für mich keinen Reiz. Ich verlegte mich aufs Spaßsporteln, lief wieder mehr, jobbte im BikersPoint-Radladen und lernte Martin Zülch kennen. Der war damals schon passionierter Triathlet, Landestrainer Hessen beim Triathlonverband, und hatte beim legendären, mir aber noch völlig unbekannten Ironman Hawaii mitgemacht. Er war ein bisschen Lokalprominenz, ein bisschen Exot, und er schien sich für meine sportlichen Fähigkeiten zu interessieren. Man munkelt, der BikersPoint-Besitzer habe ihn gebeten, sich meiner »mal anzunehmen«.

Jedenfalls verabredeten wir ein Treffen im Vereinsheim des Bad Wildunger Stadions. Das war ziemlich heruntergekommen, aber das Drumherum war mir egal. Ich fand Martin cool. Er war durchtrainiert, irgendwo zwischen verrückt und Vorbild, hatte immer einen lockeren Spruch auf den Lippen – und er schien etwas in mir zu sehen. Zumindest sagte er nach einem kurzen Gespräch: »Okay, wenn du magst, dann kümmere ich mich mal ein bisschen um dich.« Ich mochte – und Martins

Kümmern bestand zunächst darin, mir Trainingspläne fürs Mountainbike zu schreiben. Es war das erste Mal, dass so etwas wie Struktur in meinen Sport Einzug hielt. Das erste Mal, dass ich nicht nur herumfuhr, sondern trainierte. Martin erklärte mir, warum lange Fahrten langsamer sein sollten, wann und wie man Intervalle setzt und was eine Periodisierung ist. Nach und nach übergab er die Planung immer mehr an mich. »Du weißt, wie du Schule hast und wo du das Training am besten unterbringst«, erklärte er und machte mich zu meinem eigenen Coach. Oder besser: Vize-Coach, denn natürlich ließ er mich mit der Trainingsplanung nicht allein. Wir sprachen sie immer ausführlich durch. So war sichergestellt, dass sie sportphysiologisch sinnvoll war. Durch dieses Vorgehen war ich gezwungen, mich früh mit Leistung und deren Entwicklung auseinanderzusetzen. Martin legte den Grundstein dazu, mich zu dem mündigen Athleten zu machen, der ich heute bin. Zu einem, der bisher selten verletzt und nie im Übertraining war.

Setz dich mit deinem Material auseinander und trainier nicht einfach drauflos, wenn du was erreichen willst.

Regelmäßig war ich bei Martin zu Hause, schwätzte mit ihm über Sport und lungerte noch ein bisschen herum, wenn wir mit dem Sportlichen fertig waren. Zwischen seinen eigenen sechs Kindern fiel ich »ohnehin gar nicht auf«, sagte er. Es fühlte sich an, als hätte man ein Zuhause mit einem Sportinternat gekreuzt und einen ordentlichen Schuss Coolness draufgepackt. Wir gingen zusammen Rad fahren, und manchmal liefen wir auch gemeinsam. Dann sagte er Dinge wie: »Du bist echt schnell, aber technisch eine Katastrophe.« Ich lernte, dass es so etwas wie Lauftechnik gibt und dass ich meinen rechten Unterschenkel »ganz schlimm nach außen schmeiße«. Er erteilte mir die ersten Lauftechnik-Lektionen meines Lebens. Wir redeten über Sport im Allgemeinen, immer öfter über Triathlon im Speziellen, und irgendwann erzählte er mir von Hawaii. »Das ist was ganz Besonderes«, schwärmte er und meinte damit nicht in erster Linie den Wettkampf – obwohl eine Weltmeisterschaft immer etwas Besonderes ist. Er meinte die Atmosphäre, die spezielle Energie, die dort auf Big Island herrscht.

* * *

Hawaii gilt als Wiege des Triathlons, vor allem aber ist Hawaii ein mystischer Ort. Es gibt Legenden über Gottheiten, Geister, Kobolde, und es gibt alte Traditionen, die vielen Einwohnern nach wie vor sehr wichtig sind. Sich den Blätterkranz vom Kopf zu nehmen, den der Sieger des Ironman Hawaii im Ziel aufgesetzt bekommt, wäre zum Beispiel ein Affront gegen die lokalen Bräuche. Die zentrale Quelle des Hawaiianischen ist das Mana, eine göttliche Kraft. Alles rotiert um die Glaubensanker

Ohana (Familie), Kokua (Hilfsbereitschaft) und Aloha (Liebe). Wenn ich auf Big Island bin, fühle ich mich willkommen. Die Menschen geben mir das Gefühl, Teil eines großen Ganzen zu sein. Im Wettkampf meine ich oft, eine Verbindung zur Insel zu spüren. Hawaii nimmt einen in den Arm. Doch der Mythos des dortigen Ironman wächst auf einem Boden aus Lava, der sich unter der sengenden Pazifiksonne gnadenlos aufheizt. Dazu bläst der Mumuku, ein unerbittlicher Wind und eher ein Fön, der die Luft noch mehr aufheizt, statt Abkühlung zu verschaffen. Man muss die Insel respektieren, sonst macht sie einen fertig; und selbst wenn man sie respektiert, ist das keine Garantie, dass sie sich gnädig zeigt. Hawaii tritt einem in den Hintern. Man muss ihre Energie annehmen, darf sich aber nicht von ihr mitreißen lassen. Schritt für Schritt, kleine Ziele setzen, eins nach dem anderen abhaken.

* * *

Nichts davon wusste ich an diesem Spätnachmittag mit Martin. Ich hörte ihm nur andächtig zu und spürte, wie sich immer stärker ein Wunsch in mir formte: Ich möchte auf die Langdistanz. Ich möchte nach Hawaii. Es war der Beginn meiner Triathlonreise. Und die begann, ganz klassisch, auf den kurzen Distanzen.

Ganz cool eigentlich, so ein Triathlon

Meinen ersten Triathlon bestritt ich mit 15 Jahren. Es war der Edersee-Triathlon, und ich trat an, wie man als Einsteiger halt antritt: in Badehose. Das Oberteil hatte ich zusammengerollt und in der Badehose verstaut – ein Trick, den ich mir bei Hawaiisieger Thomas Hellriegel abgeschaut hatte. Immerhin hatte ich sogar ein Rennrad. Überall hatte ich dafür herumgefragt, bis mir schließlich mein Onkel Jens sein rotes Bianchi überließ, das seit Jahren auf dem Dachboden gestanden hatte. Und das hatte seinen Grund: Es war ein Oldtimer mit Stahlrahmen und -felgen, Rahmenschaltung und Kabeln, die sich wie Hörner über dem Lenker bogen. Vor allem aber war es mir viel zu groß. Jens maß über 1,90 Meter, und auch, wenn man in der Pubertät oft noch mal einen Wachstumsschub bekommt – auf dieses Gardemaß brachte und bringe ich es bis heute nicht. So hing ich in gestreckter Superman-Position auf einem Sattel, der so tief heruntergestellt war, dass er fast auf dem Oberrohr auflag. Über die Aerodynamik lässt sich diskutieren, meine Altersklasse gewann ich trotzdem. Es gibt sogar ein Video von meinem Zieleinlauf, auf dem Jörg, ein Freund meines Vaters, im Hintergrund sagt: »Guck mal, da läuft ein zukünftiger Hawaiisieger ins Ziel.« Davon war ich noch Galaxien entfernt. Dennoch dachte ich damals schon: *Geiler Scheiß!* Das ist genau das, was ich machen will, dieser Triathlon. Und zwar mit voller Energie.

Mit 16 trat ich dann meinem ersten Triathlonverein bei: dem CJD Oberurff im rund zwölf Kilometer entfernten Bad Zwesten. In Bad Wildungen gab es keinen, und in Bad Zwesten würde ich in Martins Wirkungskreis bleiben. Er war dort Lehrer an einer Privatschule und Landestrainer Nordhessen. Daneben gab es Rolf Kather, den Cheftrainer des Vereins, und eine nette Trainingsgruppe. Wir waren eine Handvoll Jungs und Mädels, die auf Landesebene Triathlon betrieben. Vom ersten Tag an fühlte ich mich dort wohl. Ich freute mich, dass ich Gleichgesinnte um mich hatte, mit denen ich trainieren konnte. Auch heute bin ich ungern allein unterwegs und trainiere nur solo, wenn es die Inhalte der Einheit nicht anders erlauben. Beim CJD Oberurff trainierte ich das erste Mal über längere Zeit hinweg mit Gleichaltrigen, die ähnlich ambitioniert waren wie ich. Da blieb keiner zu Hause, wenn das Wetter schlecht war, keiner hörte auf, wenn es hart wurde, und das gefiel mir, es motivierte mich. In Bad Wildungen gab es zwar auch ein paar Jungs, die sich für Ausdauersport interessierten, die meisten aber betrieben ihn nicht halb so leidenschaftlich wie ich. Der einzige Trainingsbuddy, der ihn so ernst nahm wie ich, war Karsten. Er war mein Haupttrainingspartner auf dem Rad und hatte sich mit mir auch in dem ein oder anderen Triathlon gemessen, bevor er sich voll aufs Radfahren konzentrierte. Zu meinem Leidwesen wechselte er recht früh auf ein Sportinternat nach Berlin, wodurch das gemeinsame Training nur noch sehr selten stattfinden konnte.

Mir war der Sport sehr wichtig, doch ich ordnete ihm nicht immer alles unter. Ich war durchaus öfter abends mit meinen Freunden unterwegs. Erst in Bad Wildungen und dann, als die Ersten den Führerschein hatten, in den umliegenden Discos: im »Las Wegas« in Bad Wildungen-Wega oder im »York« in Kassel. Zu der Zeit war ich ziemlich gefragt. Denn ich trank selten Alkohol und volontierte deshalb meist als Fahrer. Einen Haken gab es allerdings: Wer mit mir im Auto hinfuhr, musste entweder früh wieder nach Hause oder sich eine andere Mitfahrgelegenheit suchen. Durch das Training war ich einfach zu müde, um die Nächte durchzufeiern; und am nächsten Tag stand wieder eine Einheit an, für die ich fit sein wollte, immerhin hatte ich mich da schon in den hessischen Landeskader vorgekämpft.

* * *

Fit sein beziehungsweise noch fitter werden wollte ich aber auch schon beim CJD Oberurff. Ich suchte mir gern Herausforderungen. Im Verein gab es zum Beispiel einen sehr guten Schwimmer, Thilo. Da Schwimmen meine Wackeldisziplin war, biss ich mich im Training an ihm fest. Ich wusste, wenn ich mit ihm mithalten konnte, würde ich auch im Rennen besser aus dem Wasser kommen. Solche Kamikaze-Einheiten waren aber schon rein physisch auf Dauer nicht zu bewerkstelligen, deshalb schwamm ich hauptsächlich allein im Bad Wildunger Hallenbad. Manchmal auch zusammen mit Jan-Eike Kistner, den Martin ebenfalls betreute und der einige hessische Meistertitel holte. Wir waren im normalen Schwimmbadbetrieb unterwegs, was ständig für Diskussionen mit den älteren Badegästen sorgte. Schwimmhilfen wie Paddles nahmen wir erst gar nicht mit. Doch auch ohne waren wir oft kurz davor, aus dem Bad zu fliegen, weil wir jemandem die Haare nass gespritzt hatten. Dass es bei mir spritzte, kann ich nicht einmal ausschließen. Meine koordinativen Fähigkeiten schlugen auch hier voll durch: Ich war kein Naturtalent im Wasser. Drei- bis viermal die Woche trainierten wir, und ich musste richtig ackern. Das musste ich auch im Zirkeltraining, einer Spezialität unseres Trainers Rolf, das er uns regelmäßig machen ließ. In einer alten Sporthalle, die nach Turnmatten roch, nach abgerubbelter Gummisohle und muffig-verschwitzter Luft. Dazu kamen Waldläufe, und zwar bei jedem Wetter. »Auf geht's, ohne Fleiß, kein Preis.«

Damals fluchte ich innerlich oft, wenn ich mit nassen Socken und schmatzenden Schuhen über nasse Waldwege joggte. Aber diese Zeit hat mich geprägt. Noch heute finden sich Martins Tipps in meinem Lauftraining, wie etwa:

Hände bewusst entspannen, auf drei Schritte ein- und auf vier Schritte ausatmen.

Von Entspannung oder Durchatmen konnte bei mir in der Oberurffer Zeit allerdings nicht die Rede sein. Wenn ich trainierte, dann trainierte ich, bis mir das Laktat aus den Ohren kam. Schließlich wollte ich den Kadertest bestehen, der in sechs Monaten stattfinden sollte – aus einem ganz pragmatischen Grund: Die Kaderathleten durften jedes Frühjahr, gefördert durch den hessischen Landesverband, an einem zweiwöchigen Trainingslager auf Mallorca teilnehmen. In meiner Vorstellung flog man also dorthin und wurde ordentlich fit gemacht, indem man sich als Athlet nur auf Trainieren, Essen und Schlafen zu konzentrieren brauchte. Das wiederum müsste dazu führen, dass man in den Rennen abging wie Schmitz' Katze. Ab ging auf Mallorca schlussendlich jedoch nur der Landestrainer in Person von Gerald Reichardt. Denn als ich tatsächlich mit ins Trainingslager fahren durfte, lernten mein Zimmerkumpan Sean Donnelly und ich Frank Vytrisal kennen. Er war Triathlet, auf den langen Distanzen unterwegs und von der *FAZ* betitelt als »Amateur, der die Profis das Fürchten lehrt« (immerhin vier Jahre währte seine Profi-Karriere dann doch noch). Frank radelte richtig hohe Umfänge. Sean und ich radelten mit. Das war entgegen unserem Trainingsplan, was der Landestrainer mitbekam und uns beim abendlichen Briefing eine Verwarnung aussprach: »Entweder ihr fahrt nach Plan oder ihr werdet vom Training ausgeschlossen, verstanden?« Verstanden hatten wir, fuhren aber trotzdem weiter mit Frank. Einfach weil es uns so viel Spaß machte. Nach einem ordentlichen Anpfiff flogen wir daraufhin aus der offiziellen Camp-Trainingsroutine des Landeskaders. Der Trainingsplan galt für uns nicht mehr. Doch wir gaben uns nur kurz zerknirscht, dann schwangen Sean und ich uns wieder auf die Räder und nutzten die neu gewonnene Freiheit, um weiter mit Frank unsere Runden zu drehen. In den zwei Campwochen sammelten wir rund 1600 Kilometer auf dem Rad. Schlau war das wahrscheinlich nicht, aber leider geil!

* * *

Die Voraussetzung dafür, das Trainingscamp verbocken zu können, war natürlich, dass ich die Kaderprüfung schaffte. Die Chancen standen ganz gut. Zumindest das Laufen sollte kein Problem sein. In dieser Disziplin war ich stark, oder mehr als stark. Durch das regelmäßige Training und die Motivation durch die Gruppe hatte ich mich noch einmal ein ganzes Stück verbessert. Anders beim Schwimmen, das als Erstes anstand. Verbessert hatte ich mich da zwar auch. Früher hätte ich für solche Geschwindigkeiten einen Außenborder gebraucht. Dennoch war ich nicht schnell genug, um auf jeden Fall die Zeitvorgabe zu schaffen. Die lag bei fünf Minuten für 400 Meter, was einem Schwimmtempo von 4,8 Stundenkilometern entspricht oder aber 1:12 Minuten auf 100 Meter. Eigentlich lächerlich, wenn man bedenkt, dass ich die geforderten fünf Kilometer beim Laufen mit einem Vielfachen dieser Geschwindigkeit zurücklegen konnte. Aber Wasser ist ein anderes Medium, und Kraulen war Kraulen. Das tat ich noch immer eher mit wilder Entschlossenheit denn mit blitzsauberer Technik. Martin sprach mir Mut zu: »Mach dir keine Gedanken, das kriegst du schon hin.«

Trotzdem war ich in der Nacht vor dem Schwimmtest nervös. Ich wollte, dass es endlich losging. Als es dann so weit war und ich endlich ins Bad Zwestener Schwimmbadbecken durfte, trommelte mein Herz wie wild. Nicht wegen der Aufregung, sondern weil ich mit sämtlichen Gliedmaßen dermaßen auf das Wasser eindrosch, als könne es etwas dafür, dass das hier eine ganz knappe Kiste war. Ich ruderte, strampelte ... und schlug nach exakt 5 Minuten und 15 Sekunden am Beckenrand an. Zu langsam! Ich war tatsächlich zu langsam gewesen! Frustriert stemmte ich mich aus dem Becken und streifte Badekappe und Schwimmbrille vom Kopf. Das war's dann wohl. Doch Martin sah das anders. Er schlug vor, dass ich trotzdem noch laufen sollte. Dann würde man weitersehen.

Als ich mich am nächsten Morgen im Stadion der Bad Zwestener Nachbargemeinde Borken einfand, hatte sich der Spätherbst als Wintertag verkleidet. Graue Tribüne vor grauem Himmel. Ein eisiger Wind pfiff, die Tartanbahn war weiß von Frost und Reif. Nicht mein Wetter. Ich badete ein bisschen in Selbstmitleid, was die Zeit bis zum Start nicht gerade verkürzte. Als es dann aber hieß: »Alle nach vorn, es geht los«, war die Kälte wie weggeblasen. Wieder einmal schoss ich los wie von der Tarantel gestochen. Allerdings versagten mir die Beine diesmal nicht den Dienst. Die Muskeln hielten, die Beine wirbelten, ich fand meinen Rhythmus. Es fühlte sich für mich wie Fliegen an. Von Beginn an konnte ich mich von allen absetzen und lief mein eigenes Rennen an der Spitze, was mich zusätzlich motivierte. Ich biss die Zähne zusammen, mobilisierte alles an Energie und Willen – und rückte verdammt nah an den zweitplatzierten Läufer heran, den ich beinahe noch überrundet hätte, aber der Zielstrich kam einen Tick zu früh. Ich war sicher, dass ich die Norm nicht nur geschafft, sondern deutlich unterboten hatte. Keuchend ließ ich mich auf den Boden fallen. »Es hätte gereicht. Es hätte gereicht, wenn ich das verdammte Schwimmen nicht versaut hätte.«

* * *

Meine genaue Laufzeit weiß ich nicht mehr, sie muss aber sehr gut gewesen sein. Denn in der anschließenden Besprechung mit den anderen Athleten verkündete Martin, dass ich einen Kaderplatz auf Probe bekommen würde: »Wenn du beim nächsten Test im Februar die Schwimmnorm schaffst, bist du drin«, sagte er. Das war ein realistisches Ziel. Unter gar keinen Umständen würde ich die Probezeit vergeigen, nahm ich mir vor.

Ich musste an der Schwimmschraube drehen, und zwar gewaltig. Das war mir klar, und auch, dass ich das nicht ohne Unterstützung schaffen würde. Ein Schwimmtrainer musste her. Einer, der mich richtig rannahm und forderte. Das Problem war: Privatstunden waren teuer, die Vereine in der Gegend trainierten auf zu hohem Niveau oder waren so weit entfernt, dass meine Eltern mich zu jedem Training mit dem Auto hätten fahren müssen. Mich viermal pro Woche zum Schwimmtraining zu fahren, das betrachtete ich nicht als ihre Aufgabe. Sie hatten genug um die Ohren. Nach einigem Überlegen entschied ich mich für den SG Chattengau, der meine Kriterien am ehesten zu erfüllen schien. Zwei der insgesamt vier Wochentrainings fanden in Bad Wildungen statt. Zweimal wöchentlich knatterte ich mit einem Fahrschul-Motorroller die Dreiviertelstunde von Bad Wildungen nach Niedenstein bei Fritzlar, um dort zu trainieren. Auch bei Minusgraden, die mir nach dem Training Schneekristalle auf die feuchten Wimpern zauberten und meine Finger taub werden ließen.

Gleich beim ersten Training wusste ich: »Das ist mein Verein.« Zu einem großen Teil lag das an Arndt, dem Schwimmtrainer. Er war ehemaliger DDR-Meister im Rudern und ein überzeugter Anhänger der »alten Schule«. Seine Trainingsphilosophie war simpel: Die Athleten so heftig rannehmen wie möglich und schauen, wer beim nächsten Mal wiederkommt. Arndt war ein großer, sportlicher Mann, der immer mit einer Stoppuhr in der Hand am Beckenrand stand, während wir eineinhalb Stunden lang unsere Bahnen zogen. Nie brüllte er, doch er war sehr bestimmt: »Reden könnt ihr unter der Dusche, jetzt ist Training.« Nach dem Schwimmen rief er immer nochmals alle zusammen für eine Theorielektion. Anhand kopierter Lehrblätter erklärte er, wie wir den Arm führen mussten, wie die Finger gestellt sein sollen, und ging mit uns jedes Detail des perfekten Kraulzugs durch. Zwar waren diese Lektionen eher für die reinen Schwimmer gedacht, aus denen die Gruppe fast ausschließlich bestand. Doch ich saugte trotzdem alles in mich auf. Schwimmen fand ich inzwischen richtig spannend.

Arndt war ein harter, aber großartiger Trainer. Trotz aller Strenge war er fair. Wer ablieferte, wurde gelobt. Meine Mission »Sub 5 Minuten« unterstützte er tatkräftig und lief sogar bei einem Test am Beckenrand neben mir her. In genau dem Tempo, das ich schwimmen musste, um die Norm zu schaffen. Damit ich ein Gefühl für die Geschwindigkeit bekam. Das klappte. Nicht nur beim Testdurchgang, sondern auch bei der Kader-Bewährungsprobe im Februar. Ich war drin. Ich war festes Mitglied des hessischen Landeskaders.

* * *

Wenn ich hart für etwas arbeitete, konnte ich es erreichen. Diese Erkenntnis spornte mich zusätzlich an. Ich wollte sehen, was im Kader noch alles möglich sein würde, mit dessen Trainings- und Infrastruktur. Allerdings schaltete ich beim Ausloten dieser Möglichkeiten nicht immer auch den Verstand mit ein. Hart zu trainieren und auch mal in den roten Bereich zu gehen oder darüber hinaus ist das eine. Seine Gesundheit aufs Spiel zu setzen etwas anderes. Genau das tat ich aber oft, auch gegen den ausdrücklichen Willen meiner Eltern: »Patrick, es hat minus zehn Grad draußen, da kannst du nicht stundenlang Rad fahren«, schimpfte meine Mutter. Ich hatte dafür nur ein Schulterzucken übrig und kam nach drei Stunden mit Erfrierungen an den Mundwinkeln nach Hause. Derart vor Kälte schlotternd, dass sich das heiße Badewasser wie Nadelstiche auf der Haut anfühlte und ich mich selbst damit für die nächsten Tage außer Gefecht setzte. Aber mir ging im Moment des Trainings nur durch den Kopf: *Alles ist besser, als drinnen auf der Rolle zu fahren.* Ich fand es absolut ätzend, auf der Stelle zu treten und dabei die Noppen der Raufasertapete zu zählen. Dann lieber taube Finger und Zehen. Außerdem fehlte mir beim Auf-der-Stelle-Treten der Fahrtwind, das Gefühl von Geschwindigkeit – und in Zeiten ohne Virtual Reality auch der Wettstreit mit meinen Trainingspartnern.

* * *

Ich liebte es, Tempo zu machen. Im Training, vor allem aber im Wettkampf. Mein erster Einsatz als Landeskaderathlet war beim Bürgerpark Triathlon in Darmstadt. Schnell war ich dort tatsächlich, ansonsten lief aber einiges schief. Los ging es schon beim Anziehen: Im Wettkampf tragen Triathleten Anzüge, die sie in allen drei Disziplinen anbehalten können. Auf den längeren Strecken sitzt der Reißverschluss an der Brust, sodass man ihn bequem selbst öffnen und mehr kühlende Luft auf die Haut strömen lassen oder sich kalte Schwämme hineinstopfen kann, wenn die Luft allein nicht genügt. Der Reißverschluss stört im Wasser nicht, da die Athleten beim Schwimmen meist einen Neoprenanzug tragen, der den Wasserwiderstand reduziert und für Auftrieb sorgt. Auf den Sprint- und Kurzdistanzen, wie ich sie im Landeskader absolvierte, bleibt der Neoprenanzug bei den Profis und Kaderathleten dagegen meist im Schrank. Hier geht es um maximales Tempo, das man sich nicht nehmen lassen will, indem man in der Wechselzone einbeinig herumhüpft und versucht, sich die Gummipelle von den Füßen zu ziehen. Die Schwimmstrecken sind kurz, und die Intensität ist hoch genug, um die Strecke in der Mehrzahl der Fälle auch im Renneinteiler ohne Unterkühlung zu schaffen. Für schnelle Zeiten muss der Anzug aber entsprechend stromlinienförmig sein. Deshalb sitzt der Reißverschluss bei Kurzdistanzeinteilern am Rücken, wo er das anströmende Wasser weniger verwirbelt. Davon hatte ich keinen Schimmer. Bisher hatte ich meine Wettkämpfe in Badehose bestritten, in die ich ein Top steckte, das ich dann fürs Radfahren und Laufen herauszog und überstreifte. Das Top hatte keinen Reißverschluss.

Ich schlussfolgerte aber, dass da, wo der Zipper ist, beim Renneinteiler wohl vorn sein müsse. Wie bei einer Jacke. Ich quetschte mich also falsch herum in meinen Wettkampfdress und freute mich, dass alle so nett lachten, wenn sie mich sahen. Irgendwann dämmerte mir zwar, dass ich vielleicht etwas falsch verstanden hatte. Aber da war es schon zu spät. Der Start stand unmittelbar bevor. Also setzte ich einen möglichst souveränen Blick auf und nahm mir vor, Taten statt Optik sprechen zu lassen. Das klappte auch gut. Auf dem Fahrrad schaffte ich es, die schnellen Schwimmer einzuholen und mich an die Spitze des Feldes zu setzen. Bald war ich sogar allein auf weiter Flur – logisch, war ich doch im Eifer des Gefechts falsch abgebogen und befand mich nicht mehr auf der Wettkampfstrecke. Das hieß: umdrehen, eine quälend lange Minute zurückkurbeln und wieder auf den Kurs rollen.

Ein dummer Fehler. Aber einer, den das Rennen mir verzieh. Es gelang mir, mich wieder in Schlagdistanz an die Konkurrenz heranzufahren. Beim Wechsel in die Laufschuhe hatte ich zwar Zeit verloren, jedoch nicht so viel, dass ich hoffnungslos abgeschlagen war. Laufen, das konnte ich schließlich. Tatsächlich fand ich bald meinen Rhythmus, richtig gut fühlte sich das an. Schnellen Schrittes sammelte ich Athlet um Athlet ein. Was war denn hier los? Ich musste mich sehr zusammenreißen, um den Fokus nicht zu verlieren und euphorisch zu werden. Da vorn war er. Der letzte Mitstreiter, der mich vom Sieg trennte. Schritt für Schritt kam ich näher, zog auf gleiche Höhe. Doch er wollte sich nicht kampflos überholen lassen, erhöhte ebenfalls das Tempo. Keinem von uns beiden gelang es, sich abzusetzen. Erst ganz zum Schluss schaffte ich es doch noch, die entscheidende Lücke zwischen uns zu reißen, sodass ich mit drei Sekunden Vorsprung gewann. Ein Gefühl der Genugtuung breitete sich in mir aus. Das hier, das war der Lohn für meine harte Arbeit.

Streng dich an, dann schaffst du was.

Es sollte nicht der einzige erste Platz bleiben. Wenig später holte ich mir – diesmal korrekt gekleidet – den Sieg beim HTV Cup, einer Triathlon-Serie des Hessischen Triathlon Verbandes. Ich gewann den Duathlon in Großenenglis, 2004 wurde ich Hessenmeister im Duathlon und Triathlon. All diese Erfolge waren großartig. Das absolute Highlight waren jedoch die Deutschen Meisterschaften, mein großes Ziel der Saison. Zum einen natürlich, weil ich insgeheim den Titel wollte. Zum anderen, weil mich dieser Titel vielleicht in die Triathlon-Nationalmannschaft bringen würde. Im Norden Deutschlands fand die Jugendmeisterschaft statt, und ich wollte so gern vorn mitspielen. Der Bundeskader wäre der nächste Schritt. Entsprechend aufgeregt war ich vor dem Start der Meisterschaft über die Sprintdistanz (750 m Schwimmen, 20 km Rad, 5 km Laufen). Aber die Deutsche Meisterschaft und ich sollten zunächst noch keine Freunde werden. Nicht bei der Premiere, bei der ich schon beim Schwimmen zwei Minuten kassierte – eine Ewigkeit auf dieser Strecke. Und auch nicht in den folgenden Jahren. Einmal schaffte ich es auf den dritten Platz, 2008 in Gelsenkirchen. Abgesehen davon waren meine Ergebnisse für mich aber nie wirklich befriedigend. Mein Jahrgang war zu stark, ich war nicht schnell genug.

* * *

Auch 2009, als ich nach dem Grundwehrdienst etwas Geld auf der Seite und den Plan hatte, als Profi durchzustarten, holte mich die Konkurrenz sehr schnell wieder auf den Boden der Tatsachen. Ich betrieb zwar weiterhin Triathlon auf ambitioniertem Niveau, begann 2010 aber zeitgleich eine Ausbildung zum Physiotherapeuten. Das war mein Wunschberuf, mein doppelter Boden, falls es mit dem Triathlon nicht klappen sollte. Es klappte dann aber viel besser als erwartet. Vielleicht weil ich keine Zeit hatte, mich komplett in den Sport zu verbeißen, denn meine Tage waren durchgetaktet. Die Ausbildung war anspruchsvoll und Vollzeit, das hieß: vor und nach der Arbeit trainieren. Oft nutzte ich auch die Mittagspause, um am Main entlang Richtung Offenbach und wieder zurückzulaufen. Gegessen habe ich dann im Unterricht – wofür nicht alle Lehrer Verständnis hatten.

Eigentlich lag zu dieser Zeit mein Fokus auf der Triathlon-Bundesliga. Der wohl wichtigste Erfolg war 2010 jedoch kein Triathlontriumph, sondern mein Sieg bei den Deutschen Duathlonmeisterschaften. Ich hatte mich gegen ein starkes Starterfeld durchgesetzt, unter anderem gegen den zweimaligen Hawaii-Sieger Normann Stadler und den aufgehenden Mitteldistanz-Stern Sebastian »Sebi« Kienle, der wenig später bei seiner Langdistanzpremiere in Roth auf Anhieb Zweiter werden sollte. Entsprechend größer war die Aufmerksamkeit, die ich für diesen Titel bekam. Wichtiger als die Publicity war für mich jedoch, dass ich bei diesem Wettkampf Meik Kottwitz kennenlernte, den Organisator des Oberurseler Duathlons und ein begnadeter Netzwerker. Er unterstützte mich in einem Bereich, in dem ich bisher gänzlich unerfahren war: der Eigenvermarktung. Meik öffnete seine Adresskartei für mich, knüpfte Kontakte. Sein Kumpel Martin baute mir eine ansehnliche Webseite und stellte eine Pressemappe zusammen. Über dieses Netzwerk bekam ich einige kleinere Sponsoren, verdiente mit dem Triathlon also ein wenig Geld.

Auch 2011 lief wie am Schnürchen: Ich war erfolgreich in der Bundesliga, fuhr als Führender beim Schliersee Triathlon über den 1229 Meter hohen Spitzingsattel, wurde am Ende Dritter und sammelte über die gesamte Bundesliga-Saison hinweg so viele gute Einzelergebnisse, dass ich am Ende der Saison die Gesamtwertung gewann, den Deutschland-Cup. Das entging den anderen Bundesliga-Teams natürlich nicht. Eines Tages kam Rainer Jung auf mich zu, damals wie heute Geschäftsführer des EJOT Team Buschhütten. Einer Mannschaft, die in der Triathlon-Bundesliga in etwa dem FC Bayern

München entspricht. Wo sie antraten, gewannen sie für gewöhnlich auch. »So, Junge, jetzt bist du vorn dabei«, sagte er. »Jetzt musst du auch fürs beste Team starten.« Ein tolles Angebot, über das ich dennoch lange nachdachte. Für Buschhütten sprach, dass mich das Team, in dem auch Olympiasieger und Weltmeister waren, sicherlich leistungsmäßig nach vorn bringen würde. Einfach nur zuzuschauen, wie diese Athleten Training und Wettkampf angingen, war verlockend. Zudem würde ein Wechsel eine deutliche Gehaltserhöhung für mich bedeuten. Gegen Buschhütten sprach, dass ich bei meinem Verein, dem TuS Griesheim, der alleinige Leader war. Zudem war mir klar, dass es Probleme geben könnte, wenn ich weiterhin in Griesheim trainierte, aber für Buschhütten startete. Das musste ich jedoch, denn die beiden Orte liegen knapp 170 Kilometer voneinander entfernt. Täglich zu pendeln war keine Option. Schlussendlich entschloss ich mich für Buschhütten, und in meinen zwei Jahren dort lernte ich viel über Dynamiken im Leistungssport.

Faris statt Verein

Die erste Lektion bekam ich von meinem Verein. Hatte ich noch ein wenig die Hoffnung gehabt, der TuS Griesheim würde meine Entscheidung zumindest akzeptieren, stellte sich schnell heraus, dass das Gegenteil der Fall war. Ich wurde vom Bundesliga-Training ausgeschlossen und zu den Altersklasseathleten abgeschoben. Das hieß, unter anderem, ständiges Überholen im 25-Meter-Becken und Lauftraining mit den Damen statt Intervalle auf der Bahn. Neben mir, mit jeder Menge Platz, die Bundesligaathletinnen und -athleten. Ein wenig nachvollziehen konnte ich es ja: Jemanden zu trainieren, der dann im Wettkampf gegen den Verein antritt, ist nicht toll. Andererseits war ich Vereinsmitglied, zahlte die Beiträge wie alle anderen und hatte durch meine Leistungsfähigkeit in den vergangenen Jahren doch auch mitgeholfen, das Niveau der Bundesligamannschaft mit nach oben zu ziehen. Es war eine vertrackte und für beide Seiten nicht sehr schöne Situation, die sich erst löste, als ich zum Stadtkonkurrenten DSW Darmstadt wechselte.

* * *

Im Team Buschhütten selbst fühlte ich mich dagegen sehr wohl. Rainer Jung und seine Frau Sabine waren extrem engagiert und nahmen mich fast schon familiär auf. Im Wettkampf ging jedoch die Hatz los: Alle, die den schwarz-roten Buschhütten-Einteiler trugen, waren Freiwild, das am Siegen gehindert werden musste. Besonders heftig bekam ich das 2013 in Hannover, am Maschsee, zu spüren: Wir waren etwa 100 Teilnehmer, die mit nackten Füßen ungeduldig im weichen Untergrund des Ufers scharrten. Bereit, beim Startschuss loszusprinten und uns ins Wasser zu werfen. Der Schwimmkurs war ein gedachtes Viereck. Nach etwa 90 (!!) Metern kam die erste Boje, nach der das Feld im 90-Grad-Winkel abbiegen musste. Eine sehr kurze Strecke, was dazu führte, dass fast alle gleichzeitig die Markierung erreichten. Alle bis oben hin mit Adrenalin vollgepumpt. Alle mit dem Ziel, den kürzesten Weg, möglichst dicht an der Boje vorbei, zu erwischen.

Es war ein wildes Gekeile und Gepflüge. Wer so etwas einmal gesehen oder miterlebt hat, weiß, warum der Schwimmstart im Triathlon auch »Waschmaschine« heißt. Ich schwamm im Wasserschatten meines Teams und kam als Fünfter oder Sechster an die Boje. *Nicht schlecht,* dachte ich noch. Dann spürte ich, wie mich eine Hand am Fußgelenk packte und mit einem Ruck nach hinten zog. Bevor ich wusste, was da passierte, hatte jemand meinen Kopf unter Wasser gedrückt und die nachfolgenden Schwimmer, die das nicht mitbekommen hatten, kraulten über mich hinweg. Das Feld lag auf dem Wasser wie ein Brett. Keine Chance, wieder aufzutauchen. Sobald ich versuchte, mich der Wasseroberfläche zu nähern, hagelte ein Trommelwirbel kreisender Arme und paddelnder Füße auf mich nieder. Langsam ging mir die Luft aus. Ich bekam Panik, versuchte einzuatmen, schluckte Wasser, geriet noch mehr in Panik. »Das war es jetzt«, schoss es mir durch den Kopf. »Ich werde sterben.«

Endlich, nach einer halben Ewigkeit, war das Feld über mich hinweggeschwommen und ich ruderte an die Oberfläche. Prustend. Keuchend. Hustend. Schockiert. Das gesamte Rennen nahm ich wie durch einen Nebel wahr. »Du warst die ganze Zeit so bleich, ich dachte echt, dass dir richtig was passiert ist«, erzählte mir mein Vater, der an der Strecke gestanden hatte, später im Ziel. Ich habe geheult nach diesem Erlebnis, war fix und fertig. Bis heute ist diese Situation in Hannover der mit Abstand schlimmste Moment in einem Triathlon für mich. Zum Glück hatte ich Freunde wie Sean Donnelly, die wussten, dass Bundesliga-Rennen eben kein Ponyhof sind. Er, der bessere Schwimmer von uns beiden, gab mir Tipps, wie ich mich aus solchen Situationen befreien kann. Ab da stellte ich mich als nicht so starker Schwimmer beim Schwimmstart nicht mehr mitten im Getümmel auf, sondern an den Rand. Ich begriff durch solche Erlebnisse, dass ich auf mich achten muss. Dass es okay ist, sich zu wehren.

Es ist notwendig, im Leistungssport auch mal die Ellbogen auszufahren. Aber fair, bitte.

Ein Musterbeispiel für Fairness und Teamgeist fand ich beim DSW Darmstadt. Nach zwei Jahren war Buschhütten passé, die Examens-Vorbereitung war in den Vordergrund gerückt, die Bundesliga zum »Kann« geworden. Ich nahm, den Abschluss in der Tasche, eine Halbtagsstelle in einer Praxis in Pfungstadt an, 16 Autominuten von meiner Wohnung in Griesheim entfernt. Mein Plan war, nun auf die längeren Triathlondistanzen zu wechseln. 2012 hatte ich mich bereits an der Mitteldistanz (1,9 km Schwimmen, 90 km Rad, 21,1 km Laufen) in Wiesbaden versucht und war auf Anhieb Siebter geworden. Statt mich zu irgendwas zu drängen, sagten die Darmstädter: »Wenn du in der Bundesliga starten willst, mit Kusshand, aber nur, wenn es reinpasst. Du bringst Qualität ins Training, das stärkt die Gruppe.« Und die Gruppe stärkte und bestärkte mich. Auch in meinem Ziel, mich für die 70.3-Weltmeisterschaft 2014 im kanadischen Mont-Tremblant zu qualifizieren. Dass mir dieses Format lag, hatte mir ein weiterer Mitteldistanzstart in Luxemburg im Herbst 2013 gezeigt, wo ich Zweiter wurde. Ein Anreiz für Sponsoren, die hauptsächlich mein Vater fleißig an Land zog. Und ein Auskommen, das mein Physiogehalt überstieg. Es lebte sich gut zu dieser Zeit.

***

Doch kurz darauf bröckelte mein Glück. Meine Freundin und ich trennten uns nach knapp sieben Jahren. Sie war und ist ebenfalls eine ambitionierte Triathletin, startete für den TuS Griesheim in der Bundesliga. Auch wenn unser Alltag stressig und Zeit zu zweit selten war, hatten wir doch prägende Jahre gemeinsam verbracht. Ich hatte immer das Gefühl, eine Partnerin zu haben, die verstand, was es bedeutet, Leistungssport in ein »normales Leben« zu packen. Dieser Rückhalt war nun weg, und ich hatte sehr daran zu knabbern.

Dank des bevorstehenden Starts in Mont-Tremblant, meiner ersten WM als Triathlon-Profi, schaffte ich es aber zumindest ab und zu, nicht darüber nachzudenken. Ich hatte Jan Regenfuß gebeten, mich zu begleiten. Er war Athlet und Trainer beim TuS Griesheim, ich kannte ihn schon eine ganze Weile und verstand mich gut mit ihm. Da er Zeit hatte und Lust auf eine Reise nach Kanada, sagte er zu, und wir hoben im September 2014 ab in Richtung Provinz Québec. Liebeskummer hin oder her, ich war topmotiviert angesichts des Starterfeldes: Sebastian Kienle, Javier Gómez, Terenzo Bozzone, Jan Frodeno, Andreas Dreitz, Nils Frommhold … alles da, was Rang und Namen hatte. Und das war nur ein Bruchteil der Profistarter. Ein paar der Jungs kannte ich noch aus der deutschen Bundesliga. Das Rennen würde nicht leicht werden.

Ein Shuttle brachte uns samt Gepäck und Fahrradkoffer vom Flughafen in Montréal ins rund eineinhalb Autostunden entfernte Mont-Tremblant. Der Ort, in den Wintermonaten ein quirliges Skiresort, war komplett von Triathleten und dem WM-Tross aus Organisatoren, Helfern und Medienleuten belagert. Ständige Einwohner lebten dort nicht, und das Dörfchen, umgeben vom Wald des Nationalparks, war ein Mini-Disneyland aus neu errichteten Gebäuden, die auf historisch getrimmt waren. Ein komplett künstlicher Ort mit Hotels, Cafés, Restaurants und Geschäften für Klamotten, Sportbedarf und Souvenirs. Jan und ich teilten uns ein Hotelzimmer. Die Tage vor dem Rennen verliefen recht gleichförmig: Aufstehen, Schwimmeinheit im See, Frühstück, Radfahren, Mittagessen, Pause, Laufen, Abendbrot, auf dem Hotelbett fernsehen, Schlafen. Trotz meiner passablen Ergebnisse auf der Mitteldistanz war ich den meisten Journalisten vor Ort noch unbekannt und ein unbeschriebenes Blatt. Interviews fanden nur statt, wenn ich mich aktiv darum bemühte. So hatte ich wenig Druck und genügend Zeit, um mich unter dem Radar auf meinen ersten WM-Start vorzubereiten. Als es dann so weit war, war ich sehr nervös.

* * *

Über dem Lake Tremblant, in dem wir gleich schwimmen würden, waberte noch der Morgennebel. Einige Pressefotografen bezogen bereits Stellung am Ufer, um den Start festzuhalten. Andere schlenderten zwischen den Athleten hindurch, um sich O-Töne für ihre Berichte zu holen. Die übrigen Zaungäste bestanden aus

Zuschauern, die sich mit Kaffee und Donut in der Hand einen Platz mit gutem Blick auf die Schwimmstrecke suchten. Der Strand füllte sich langsam mit Athleten. Die meisten schon im Neoprenanzug, viele mit neongelben oder pinken Schwimmkappen, die sie als Profimänner oder -frauen auswiesen. Die Uhr tickte. Nicht mehr lang ... Ein paar Ranger marschierten nochmals publikumswirksam in Uniform vorbei, dann krachte der Startschuss und wir rannten ins Wasser. Neben uns Pontons mit Zuschauern. Über uns Helfer auf SUP-Brettern. Um uns herum eine Kulisse, die atemberaubend gewesen wäre, hätte ich Zeit gehabt, darauf zu achten.

Das Schwimmen lief solide. Nach 23:04 Minuten kam ich knapp eine Minute hinter dem späteren Sieger Javier Gómez aus dem Wasser. Meine schwächste Disziplin war geschafft. Ich freute mich aufs Radfahren. Auf den Kurs, dessen glattes Asphaltband sich wie ein schlecht verlegter Läufer durch die kanadischen Wälder wellte. Doch eine dieser vergleichsweise sanften, kurvenfreien Abfahrten wurde mir zum Verhängnis. Mehr noch: Sie löste das Mountainbike-Rennen als bisher schlimmsten Radsturz meiner Karriere ab. Ich war flott unterwegs, den Kopf tief, um möglichst wenig Luftwiderstand zu bilden. So nahm ich zwar wahr, dass vor mir der mehrfache Ironman-Sieger James Cunnama fuhr, sah jedoch nicht, dass ihm in voller Fahrt die Kette riss. Er trat unvermittelt ins Leere, sein Rad schlingerte kurz, dann verlor er die Kontrolle. Krachend stürzte er auf den Asphalt. Ausweichen ging nicht mehr. Ich war mit über 60

Stundenkilometern unterwegs, und ich konnte nur noch den Lenker herumreißen, um nicht über James, sondern über sein Rad zu poltern. Es war eine heftige Kollision. Sofort zog es mir das Vorderrad weg. Ich knallte auf den Asphalt, rutschte die Straße entlang und ließ einiges an Haut auf dem kanadischen Pflaster: tiefe Schürfwunden an Knien, Ellbogen und Rücken, dazu ein angerissenes hinteres Kreuzband im linken Knie. Die Narben sind noch heute gut auf meiner Kniescheibe zu sehen. Anders als beim Mountainbike-Rennen versuchte ich gar nicht erst, den Wettkampf fortzusetzen oder gar zu beenden. Die Schmerzen waren zu groß. Das Rennen war gelaufen.

* * *

Nachdem mich der medizinische Streckendienst aufgesammelt hatte und die Wunden versorgt waren, durfte ich zurück ins Hotelzimmer. Mir war wohl anzusehen, wie es mir ging. Jan wedelte jedenfalls mit einem Sixpack Bier und sagte: »Komm, wir setzen uns an den See. Ich fünf, du eins.« Auf einen frustbeladenen Seeabend folgte eine unruhige Nacht. Trotz Bier. Mein Rücken war komplett offen, jede Berührung schmerzte, selbst wenn ich nur den Stoff meines T-Shirts touchierte. Beim Gedanken daran, viele Stunden in einem engen Flugzeugsitz zu klemmen, trat mir der Angstschweiß auf die Stirn. Dank einem Glas Rotwein und etwas Nachhilfe durch Schmerztabletten schlief ich zwar fast den ganzen Flug über, lehnte dadurch aber auch die gesamte Zeit über schlaff an der Sitzlehne. Das Wundwasser leistete ganze Arbeit. Mein Pulli war bei der Landung nicht nur durchtränkt, er klebte auch an meinem Rücken – und am Flugzeugsitz. Mir blieb nichts anderes übrig, als mich loszureißen. Tränen schossen mir in die Augen, und ich weiß jetzt: Der Rat »Reiß es schnell ab, dann tut's weniger weh« stimmt nicht. Ganz und gar nicht.

Mehr als fünf Wochen dauerte es, bis mein Rücken einigermaßen verheilt war, von den Wunden an Knien und Ellbogen habe ich heute noch Narben. In dieser Zeit war an Training nicht zu denken. Immerhin war Mont-Tremblant der letzte Wettkampf meiner Saison gewesen. Durch den Ausfall würde ich keine Rennen verpassen.

* * *

Dass die Saison 2015 nicht viel besser weiterging, als die vorherige geendet hatte, lag allerdings nicht an den Verletzungen. Auch wenn ich nach wie vor nicht auf dem Niveau war, welches ich vor dem Sturz hatte. Ich verlor nach und nach meine Unterstützer: Der Chef meines Hauptsponsors wechselte das Unternehmen. Seine Nachfolge hielt den Triathlon für kein lohnenswertes Investment. Wie Dominosteine brachen mir weitere Sponsoren weg: Manche begründeten den Rückzug mit Einsparungen, andere sahen nicht genügend Potenzial in mir, jeder hatte seine Gründe. Am Ende blieb ein einziger Sponsor übrig, von dem ich 3000 Euro bekam.

Pro Jahr. Zusammen mit meinem Physio-Gehalt konnte ich zwar die laufenden Kosten einigermaßen decken, aber warum eine Profilizenz, wenn der Sport nicht ansatzweise eine Einnahmequelle war? Warum die Zeit, warum der Aufwand? Ich zweifelte. Bald jedoch wich dieser Zweifel immer mehr einer Klarheit: Ich wollte mir diesen Sport nicht wegnehmen lassen.

Verdammt, ich will das hier.

Immer deutlicher spürte ich einen ganz besonderen Fokus. Einen, den ich vorher nie so empfunden hatte. Ja, ich hatte viel trainiert und war auch ambitioniert gewesen, aber dennoch war alles so vor sich hingeplätschert. Immer gab es etwas, das »auch wichtig war«. Ich hatte Ehrgeiz, aber es war kein Zug dahinter. Ich hatte Spaß, aber es fehlte die letzte Konsequenz. Das sollte anders werden. Das musste anders werden. *Ich will auf die Langdistanz. Ich will das probieren.* Unbedingt. Diese Entscheidung, alles auf die Karte Triathlon setzen zu können, fühlte sich an wie eine Erlösung.

* * *

2015 vollzog ich endgültig den Loslösungsprozess vom TuS Griesheim hin zum DSW Darmstadt. Mit Manuel Wyss, einem Triathlonprofi und Darmstädter Vereinskollegen, hatte ich schon 2014 einen eigenen Trainer engagiert. Mit ihm zusammen schaffte ich es sogar, mich 2015 für die 70.3-WM in Zell am See zu qualifizieren. Dafür hatte ich ein waghalsiges Rennprogramm mit zwei Halbdistanzen in zwei Wochen abgespult. In der WM-Rennwoche selbst fuhr ich dann aber über eine heftige Bodenwelle, mein Lenker löste sich, klappte nach unten ab und ich stürzte. Ich hatte kein hohes Tempo drauf, trug aber trotzdem jede Menge Prellungen und Abschürfungen davon. Zum zweiten Mal in Folge stand eine 70.3-WM unter keinem guten Stern. Ich startete zwar in Zell, kam aber irgendwo unter ferner liefen ins Ziel. Eine weitere Bestätigung dafür, dass die Saison 2015 keine ruhmreiche für mich werden würde. Das Jahr wurde zum Übergangsjahr, in dem ich die Weichen für 2016 stellte.

Diese Weichenstellung bestand zum einen in Materialoptimierung. Ich experimentierte vor allem im Radbereich: Aerohelm, Trinksystem, Radschuhe ... in jedem Wettkampf probierte ich etwas anderes aus. Außerdem feilte ich mit meinem Kumpel Felix, der in Darmstadt Maschinenbau studierte und auch Triathlon betrieb, an meiner Aerodynamik und Sitzposition auf dem Rad. Die Grundeinstellung tüftelten wir im Wohnzimmer aus. Später gingen wir an eine längere Abfahrt im Odenwald und machten Rolltests. Ziel war es, an einem bestimmten Punkt, einem Straßenschild, eine bestimmte Geschwindigkeit erreicht zu haben. Von Durchgang zu Durchgang wechselten wir das Equipment, das wir uns von anderen Athleten ausgeliehen hatten, und trugen in eine Tabelle ein, was die Veränderung gebracht hatte.

Funktionierte etwas, schrieben wir den Hersteller an, um wegen eines Sponsorings anzufragen; bei einer Absage versuchte ich, das Teil auf eBay zu ersteigern oder auszuleihen.

Wenn man versuchen muss, sich Dinge auf eBay zu ersteigern, ist die andere Baustelle offensichtlich: das Finanzielle. Ich brauchte Sponsoren, schließlich musste ich Coach, Trainingscamp, die Reisen zu den Wettkämpfen und einen Großteil des Materials selbst bezahlen. Ich telefonierte herum wie ein Verrückter. Pries mich als »Marketingtool« an, als »Imagefaktor«, versendete Pressemappen mit Berichten über mich. Nichts. Keine einzige Firma bekundete Interesse, ein Nackenschlag folgte auf den nächsten. In meiner Verzweiflung rief ich im Marketing meines alten Hauptsponsors an. Wir hatten immer einen guten Draht gehabt. Vielleicht konnte man mir dort helfen. Tatsächlich hatte mein Ansprechpartner eine Idee: Ibrakom, ein Logistikunternehmen. »Ich ruf bei denen mal an«, versprach er. Neue Hoffnung keimte auf. Ich schwor mir: »Wenn die zusagen, und wenn es nur 1000 Euro im Monat sind, dann setze ich alles auf Triathlon.« Es klappte! An entscheidender Stelle im Unternehmen saß mit Dennis Firzlaff ein Hobbytriathlet, dem die Idee gefiel, einen jungen Profi zu unterstützen – es wurden nicht nur 1000 Euro, nein 15 000 Euro pro Jahr sollte ich bekommen. Ich begann zu rechnen. Ohne Halbtagsjob in der Physio-Praxis würde ich selbstständig sein. Das hieß, ich musste in die private Krankenversicherung, als Sportler ein beträchtlicher Kostenpunkt. Notfalls hätte ich auch meinen Vater um einen Kredit bitten können. Aber das war nur die allerletzte Option. Darum begann ich, Kosten zu sparen, und zog unter anderem von meiner Wohnung in Griesheim in eine Dreier-WG in Darmstadt, mit einer Studentin und einem Berufspendler. Weniger Möbel, weniger Kram, ein neuer Anfang.

Mit leichtem Gepäck reist es sich besser.

Ich war wie beflügelt. Das Zimmer war nicht nur günstiger, ich hatte auch kürzere Wege zu den Trainingsstätten, dadurch mehr Zeit zur Regeneration und so die Möglichkeit, es professioneller anzugehen als bisher. Das war auch notwendig. Denn zum Start der Saison 2015/2016 wechselte ich den Trainer, und es wurde mir in dieser neuen Konstellation sehr schnell klar, dass halbtags arbeiten keine Option mehr war. Mein damaliger Coach Manuel Wyss hatte nicht nur Verständnis für meine Entscheidung, er ermutigte mich sogar mit: »Mach das, das ist eine Riesenchance.«

* * *

Er hatte mich auch mit »meinem Neuen« zusammengebracht: mit Faris Al-Sultan, im Trainingscamp auf Lanzarote. Dort, im Sands Beach in Costa Teguise an der Ostküste der Insel, war auch Faris mit seinem damaligen Team Pewag. Da Manuel der Meinung war, ich sei bei der

Profitruppe besser aufgehoben als bei seinen Hobbysportlern, fragte er Faris, ob ich bei ihnen mittrainieren dürfe. Ich durfte. Wir verstanden uns auf Anhieb gut. So gut, dass ich wenig später auch mit nach Fuerteventura flog, wo Faris sich allein auf den Ironman Texas vorbereiten wollte. Ich ließ alles stehen und liegen und zog mit ihm ins Playitas Resort. Unser kleines Apartment war vollgestopft mit Equipment: Die Fahrräder standen im Wohnzimmer, auf dem Balkon trockneten die Trainingsklamotten, in der Küche stapelten sich Müslipackungen, Bananen und Energieriegel. *Eat, train, sleep, repeat.* Es war herrlich. Einmal saßen wir zusammen und frotzelten ein bisschen herum: »Wenn ich aufhöre mit Profitriathlon, dann werde ich dein Trainer«, schlug Faris vor. »Klar, ruf mich dann einfach an«, entgegnete ich lachend. Faris als Trainer. Das wäre schon cool. Aber wie hoch war die Wahrscheinlichkeit, dass er bald aufhörte? Und dann bei mir anrief?

Nun, es wurde eine typische Faris-Hauruck-Aktion. Er stieg beim Ironman Texas aus, wegen starker Schmerzen auf dem Rad. Der Tropfen, der das Fass aus kleinen Verletzungen, vielen Verpflichtungen, zu viel Training und Reiserei zum Überlaufen brachte. Kurz darauf gab er seinen Rücktritt bekannt und kündigte auf seiner Webseite an: *Was nun kommt, werde ich oft gefragt. Ich werde mich erholen und in Zukunft den alten Krieger geben, der am Stammtisch seine Heldentaten so oft erzählt, bis er allein dasitzt, weil es keiner mehr hören kann.* Das hat er nicht getan. Er hat das Telefon in die Hand genommen und mich angerufen. Im Herbst 2015 wurde Faris Al-Sultan mein Coach. Und es begann das neue Kapitel, auf das ich gehofft hatte.

Willkommen im Profileben

Dass Faris Al-Sultan derjenige sein musste, der mich für meinen Wechsel auf die Langdistanz trainiert, war mir schon in unserem gemeinsamen Trainingscamp auf Fuerteventura klar geworden. Da hatte er meinen Trainingsplan für diese beiden Wochen angepasst, und danach hatte ich mich fit wie nie gefühlt. Es motivierte mich extrem, mit jemandem zusammenzuarbeiten, der so erfahren und erfolgreich im Triathlon war. Bei mir herrschte richtige Aufbruchsstimmung, Faris war mein Leuchtturm in der Brandung. Jemand, der wusste, wo es langgeht. Ich war überzeugt: *Wenn es nicht klappt, obwohl ich alles mache, was dieser Mann mir sagt, dann soll es nicht sein.* Davon ging ich aber nicht aus. Im Gegenteil: Ich glaubte wirklich an mich. Aus tiefstem Herzen. Das war mein Weg. Die Langdistanz. Dabei gab Faris mir mit seinen markigen Ansagen nicht viel Anlass zu so einer Annahme: »Wenn du mal Hawaiisieger werden willst, dann bin ich die falsche Adresse«, sagte er. »Sieht scheiße aus, wie du läufst«, fand Faris, prophezeite, dass wir »da noch ganz schön viel Arbeit« vor uns hätten und ich auf dem Rad sowieso noch viel zu langsam sei, um auf Hawaii vorn mitzufahren.

Doch solche Aussagen waren genau das, was ich brauchte. Faris war jemand, der Klartext redete und den Daumen draufhatte auf dem, was ich machte. Zwar hatte ich einige Trainer gehabt, die mich hart rannahmen. Aber sie kommunizierten mir auch: »Du bist gut, du packst das, wenn du dich nur anstrengst.« Das wäre genau das Richtige gewesen, hätte es mir an Vertrauen in meine Fähigkeiten gefehlt. Ich aber benötigte einen Schubs, gern einen heftigen, damit ich das Gaspedal endlich ganz durchdrückte. Den gab mir Faris, indem er mich ziemlich hart mit der Nase auf das stieß, woran ich noch arbeiten musste. Er konnte mir das ungute Gefühl geben, es nicht genug zu wollen, ohne jemals laut zu werden oder zu motzen. Sachlich, in dem ihm eigenen bayerischen Brummelton nachzufragen, ob ich eine Einheit gemacht oder einen Anruf getätigt hatte, genügte, und ich bekam ein schlechtes Gewissen, wenn ich es nicht genau so gemacht hatte wie besprochen. Die Hemmschwelle, eine Einheit ausfallen zu lassen, erhöhte sich für mich dadurch immens. Mein Plansoll erfüllte ich zu 99 Prozent.

Nach rund 15 Jahren im Triathlonsport hatte ich das erste Mal über einen längeren Zeitraum Konstanz im Training. Bis Faris meine Pläne schrieb, hatte ich durchaus oft drei, vier Wochen am Stück gut trainiert. Dann aber kamen zwei Wochen, in denen in der Arbeit viel los war oder ich irgendwohin fahren musste. Das waren meine »Huddelwochen«, in denen das Training nicht an erster Stelle stand, sondern dem »normalen Leben«

irgendwie hinterherstolperte. Faris erhöhte meine Trainingsumfänge nicht großartig. Aber allein dadurch, dass es eben keine zwei verhuddelten Ruhewochen mehr zwischen jeweils drei Trainingswochen gab, war die Belastung durch den Sport insgesamt höher. Die Konstanz und die Konzentration auf den Triathlon machten sich direkt in ersten Trainingserfolgen bemerkbar. Aber daneben noch halbtags arbeiten? Keine Chance, wenn ich es richtig machen wollte.

* * *

Meine Eltern blieben entspannt, als ich meinen Halbtagsjob in der Physiopraxis aufgab. Sie waren damit beruhigt, dass ich meine Ausbildung abgeschlossen hatte. Mein Vater ermutigte mich sogar, es als Vollzeitprofi zu versuchen: »Mach das«, sagte er. »Schau, wie weit du kommst. Und wenn es nicht klappt, kannst du immer noch als Physio arbeiten. Mehr kann nicht passieren.« Er glaubte an mich. Er mochte Faris.

Vielleicht auch deshalb, weil er sich auch über die Trainingsinhalte hinaus um meine Profikarriere kümmerte. Faris verfügte über ein riesiges Netzwerk. Er unterhielt sich gern mit Leuten, tauschte sich aus, wusste immer, wen man wofür fragen konnte. Nicht nur die Hilfe bei den Sponsoren lag ihm am Herzen. Faris war wichtig, dass ich mein Leben besser organisierte. So halfen mir zum Beispiel sein Steuerberater und seine Versicherungsmaklerin dabei, einige wichtige bürokratische Aspekte zu organisieren, sodass die für mich elementaren Punkte in kürzester Zeit abgehakt waren. Faris konnte Entscheidungen treffen. Es tat mir gut, jemanden zu haben, der sagte: »Okay, du hast Option A und Option B. Ich rate dir zu Option B.« Ja, Faris hatte einen bestimmten Blickwinkel auf den Leistungssport. Es gab Schwarz und Weiß und wenig Grautöne. Aber ich glaube, ich verstand immer die Message, die er rüberbringen wollte. Die Kernaussage, die für mein Weiterkommen wichtig war. Mehr noch: Sein »Das funktioniert so und nicht anders«-Ansatz war genau das, was mir in dieser Phase Sicherheit gab.

Zumal Faris durchaus willens war, meine bereits bestehenden Strukturen anzunehmen, wenn er glaubte, dass sie für mich sinnvoll waren. Zur Leistungsdiagnostik blieb ich beispielsweise Sebastian Mühlenhoff von iQ athletik in Frankfurt treu, bei dem ich seit über zehn Jahren meine Leistungstests durchführte. Die Werte, die er im Herbst 2015 ermittelte, bildeten die Basis für mein Wintertraining. Ein Training, das zum ersten Mal auf ein klar definiertes Ziel zusteuerte. Aus »Ich möchte mich qualifizieren für XY« wurde: »Ich muss fit sein für Wettkampf A, B und C, damit ich bei Saisonhighlight D durchstarten kann«. Es gab eine klare Vorgabe, zu welchem Zeitpunkt ich in Form sein musste und welche Meilensteine zu absolvieren waren, damit das der Fall war.

* * *

Das erste gemeinsame Saisonhighlight sollte der Ironman Texas sein. Am 14. Mai 2016. Von diesem Datum rechnete Faris zurück und strukturierte mein Training. Im November und Dezember 2015 lief und schwamm ich viel. War mit dem Mountainbike unterwegs. Legte die Grundlage. Körperlich und auch, was die Strukturen anging. Ich hatte Partner, zum Beispiel Trainer in den Einzeldisziplinen, die mir bei den Feinheiten halfen, und Faris, der das große Ganze koordinierte. Er sah sich selbst weniger als Coach, der sich um alles kümmert, sondern eher als Berater. Ich schloss mich wieder einer Schwimmgruppe in Darmstadt an und trainierte dort mit einem Schwimmcoach. In puncto Lauftechnik arbeitete ich weiter mit Wolfgang Schweim zusammen. Ihn hatte ich 2011, nach meinem dritten Platz am Schliersee, wegen eines Sponsorings angeschrieben. Er war damals noch für einen Laufschuhhersteller tätig. Wolfgang hatte mich im Fernsehen, im *Sportstudio*-Beitrag über diesen Wettkampf, gesehen und schrieb zurück: »So schlecht, wie du läufst, kann man gar nicht schnell sein.« Statt beleidigt den Kontakt abzubrechen, bat ich ihn, mir dann doch bitte zu zeigen, wie es richtig geht. Das imponierte Wolfgang. Er lud mich zu sich nach Heidelberg ein. Seitdem feilen wir zusammen an meinem Laufstil und meiner Laufökonomie. Früher rund einmal im Monat vor Ort, heute meist per Videoanalyse. Sich mit den Feinheiten eines Bewegungsablaufs zu beschäftigen, fasziniert mich, und ich liebe es, diese Erfahrungen an interessierte Sportlerinnen und Sportler weiterzugeben.

Wir fuhren nur langsamstes Tempo. Grundlage. Dafür aber viele Kilometer.

Neu war auch, dass mich Faris das ganze Jahr über Krafttraining machen ließ. Rund vier Kilo Muskelmasse legte ich im Winter zu, weil es auf den langen Strecken mit etwas mehr körperlichen Reserven deutlich einfacher wird. Und er integrierte relativ früh Koppelläufe ins Training. Im Dezember ging es für mich für ein erstes Trainingscamp nach Mallorca, um die Basis fürs Radfahren zu legen. Im Frühjahr reisten Faris und ich für zweieinhalb Wochen zum Trainieren in die Vereinigten Arabischen Emirate. Nach al-Ain, wo Faris früher selbst trainiert hatte. Wir fuhren nur langsamstes Tempo. Grundlage. Dafür aber viele Kilometer. Ein Faris-Klassikerprogramm, das er in seiner aktiven Zeit erprobt und für gut befunden hatte.

* * *

All das kostete natürlich Geld, das ich nur sehr begrenzt hatte. Deshalb waren Low Budget und klare Prioritäten angesagt. Mein Zimmer in der Darmstädter WG war billig und zweckmäßig. »Ausgehen« beschränkte sich auf gemeinsames *Tatort*-Gucken sonntagabends bei meinem Freund Thomas in Frankfurt und aufs Kaffeetrinken mit meinen Schwimmkumpels nach dem Training in unserem Stammcafé. Ich flog grundsätzlich »Holzklasse«, und ein Zwischenstopp mehr war in Ordnung, wenn der Flug dafür günstiger war. Vor Ort fuhr ich mit dem Fahrrad zum Supermarkt, um die Gebühren für den Mietwagen zu sparen. Ich übernachtete in Homestays oder teilte ein Hotelzimmer mit anderen Athleten. Im Trainingscamp in al-Ain schliefen Faris und ich fast drei Wochen lang zusammen im Ehebett. Mittags gab es eine Portion Nudeln, zubereitet auf der Herdplatte im Hotelzimmer. Natürlich spekulierte ich auf Preisgelder. Die genügten aber meist nur, um die Reisekosten zum jeweiligen Rennen zu decken. Das gefiel einigen in meiner erweiterten Familie gar nicht, die nicht ansatzweise verstehen konnten, warum ich mir für 400 Euro Prämie monatelang den Hintern aufriss. Doch darum, viel Geld mit dem Sport zu verdienen, ging es mir nicht. Ich wollte meinen Traum leben und schauen, wie weit ich komme.

* * *

Dass noch Luft nach oben war und es teils an einfachsten Dingen haperte, lernte ich auf den Philippinen. Nach dem Trainingscamp in al-Ain und einem überraschenden zweiten Platz beim Yas-Marina-Triathlon in Abu Dhabi, den ich allein schon deshalb machen musste, weil sich so für mich die Möglichkeit ergab, auf dem Formel-1-Kurs Rad zu fahren, reiste ich weiter nach Subic Bay auf der Insel Luzón, zum Ironman 70.3 Philippines. Zwölf Stunden Flug. Aber ich wollte unbedingt vor Texas noch einmal eine Mitteldistanz in heiß-feuchtem Klima machen. Faris war zurück nach Deutschland geflogen, Händchenhalten vor dem Wettkampf war nicht sein Ding. Er wollte nah genug dran sein am Athleten, um Vertrauen zu schaffen, aber weit genug weg, um die richtigen Entscheidungen treffen zu können. War die Strategie fürs Rennen festgelegt, hieß es: »Jetzt musst du machen. Wenn du vor dem Wettkampf Gesprächsbedarf hast, ruf an.« Er drängte sich nicht auf, war aber da, wenn ich ihn brauchte.

Auf Luzón war das erst mal nicht der Fall. Ich war von der Atmosphäre begeistert, fühlte mich sofort wohl. Unter den Startern waren viele Australier und Neuseeländer. Die Stimmung war gelöst, entspannt. Immer mal wieder klopfte jemand spontan an die Hotelzimmertür und fragte, ob ich mitwolle zum Radfahren. Für mich war es der Inbegriff einer Triathlon-Wohlfühlblase. Die Art sportliche Gemeinschaft, wie ich sie von zu Hause, von meinem Vater und seinem Vereinsleben her kannte. Zudem war mein alter Freund Sven, der mittlerweile für VW in Peking arbeitete, mit auf die Philippinen gereist, und wir teilten uns das Hotelzimmer. Ich schwebte auf einem emotionalen High. Und schaffte es, diese positive Grundhaltung mit in den Wettkampf zu nehmen. Die 1,9 Kilometer Schwimmen führte ich zusammen mit einem Australier an. Wir rissen in meiner ehemaligen Wackeldisziplin sogar eine kleine Lücke, die ich unbedingt halten wollte. Von der Führung in einem so starken Feld motiviert, fuhr ich den gesamten Radkurs nahezu »all out« und wechselte nach 90 Kilometern mit neuem Radstreckenrekord in die Laufschuhe. Es hätte nicht besser laufen können. Fast.

Denn bei all der Euphorie darüber, wie gut alles klappte, hatte ich auf dem Rad zwar genügend Kohlenhydrate zu mir genommen, aber zu wenig Wasser getrunken. Dieser vermeintlich kleine Fehler fiel mir nun beim Laufen auf die Füße. Nach zehn Kilometern in der schwülen Hitze ging ich ein. Ein Anfängerfehler, der Athleten wie Altmeister Craig Alexander nicht unterläuft. Der dreimalige Hawaii-Sieger war ebenfalls am Start und hatte in puncto Renneinteilung und -verpflegung alles richtig gemacht. Obwohl er eine Minute langsamer geschwommen war als ich und zwei Minuten länger auf dem Rad gesessen hatte, zog Craig nun an mir vorbei, lief die 21,1 Kilometer gut vier Minuten schneller und verwies mich mit knapp zwei Minuten Vorsprung auf Platz zwei. Ich war knapp gescheitert. Zufrieden war ich trotzdem mit dem Ergebnis. Denn dieser Wettkampf stärkte mir in zweierlei Hinsicht den Rücken für Texas: zum einen bezüglich meiner körperlichen Leistungsfähigkeit, zum anderen mit der Erkenntnis, dass ich die Basics richtig machen musste, wenn ich eine Chance auf den obersten Podestplatz haben wollte.

Endlich Langdistanz

Nach einigen weiteren Trainingswochen zu Hause in Darmstadt und einem dreiwöchigen Camp auf Fuerteventura für den letzten Schliff flog ich zehn Tage vor meiner ersten Langdistanz nach Texas. Das Rennen sollte in The Woodlands stattfinden, einer Gemeinde mit etwas mehr als 100 000 Einwohnern rund 45 Kilometer nördlich von Houston, eingebettet in Wälder. Ich freute mich, hier zu sein, in den Vereinigten Staaten. Ich mochte die USA, die dortige Mentalität, die Offenheit der Menschen. All das sorgte für eine gute Grundstimmung bei mir. Ich fühlte mich von Anfang an wohl.

Meine damalige Freundin war mitgekommen in The Woodlands, mein Vater wollte später dazustoßen. Faris hatte mir einen Homestay bei jener Familie vermittelt, bei der er ein Jahr zuvor selbst bei seinem Start beim Ironman Texas übernachtet hatte. »Die Leute sind toll, wenn du da teilnimmst, organisier ich dir das dort«, hatte er verkündet und hielt Wort. An sich ist es mir am liebsten, wenn ich in Trainingscamps und auf Wettkampfreisen möglichst autonom bin: den Schlüssel in die Hand gedrückt bekommen, sein Ding machen und – wenn es für beide Seiten passt – ein bisschen miteinander schwätzen. Bei Homestays ist man Gast, und ich finde, dass man sich deshalb zurückhalten sollte. Schließlich bewegt man sich im privatesten Rückzugsbereich anderer, meist fremder, Menschen.

Zu meinen texanischen Gastgebern, der Familie Gibbons, hatte ich aber sehr schnell eine besondere Verbindung, und bis heute halten wir Kontakt und telefonieren regelmäßig alle zwei Wochen. Greg und seine Frau Maureen sind beide selbst Triathleten. Sie zeigten mir, wo ich am besten schwimmen, Rad fahren und laufen konnte. Sie waren einfühlsam, und wir harmonierten von Anfang an. Selbst wenn Maureen und ich, beides keine Morgenmenschen, in der Früh schweigend in der Küche saßen und unseren Kaffee tranken, hatte ich nie das Gefühl, etwas sagen zu müssen. Es war okay, so wie es war. Und wenn ich was sagte, kam eine witzige Bemerkung oder eine freundliche Antwort von ihr. In Greg fand ich eine Art mentale Stütze. Wenn wir zusammen waren, redeten und redeten und redeten wir. Mir gefiel seine Art, die Dinge psychologisch anzugehen. Nicht zu viel denken, auf den Plan vertrauen, den wir zurechtgelegt haben. Mit Greg zu sprechen tat mir gut, holte mich ab und half mir, positiv in meinen ersten Ironman zu gehen. Er gab mir Ratschläge, ohne die Rolle eines mir übergeordneten Ratgebers einzunehmen. In all unseren Gesprächen begegneten wir uns auf Augenhöhe.

* * *

Auch mit Faris hatte ich in diesen Tagen engen Kontakt per Telefon. Mir ging angesichts ziemlich begrenzter Gesprächszeit einfach zu viel im Kopf herum. Und dennoch gelang es Faris, mich mit einfachen Worten wieder zu erden, er fing mich ein. Er zählte all die Faktoren auf, die zeigten, wie fit ich war. Er brachte Lösungsvorschläge, er berichtete von seinen eigenen Erfahrungen und beruhigte mich zum Beispiel mit: »Der Tag vor dem Rennen ist immer der beschissenste Teil. Ich weiß, wie es dir geht, aber da musst du durch. Nach dem Startschuss ist das weg.« Und er warnte mich, dass sich bei Kilometer 30 im Marathon »die Pforte zur Hölle« öffnen würde. Dass ich mich darauf einstellen solle, richtig leiden zu müssen. Das mag nicht sehr motivierend klingen, war aber genau die richtige Strategie.

Wenn du dich auf Schmerzen einstellst, gehst du besser damit um, wenn sie tatsächlich kommen, und wirst nicht von ihnen übermannt.

Am Abend vor dem Rennen war ich sehr nervös, doch ich versuchte, die Emotionen anzunehmen: nicht zu unterdrücken, aber auch nicht überhandnehmen zu lassen. Verfällt man in das ein oder andere Extrem, gerät man in eine Negativspirale, die einen so weit hinunterreißen kann, dass man nicht mehr in das richtige Mindset für einen Wettkampf zurückfindet. Irgendwie gelang es mir in The Woodlands, die Spirale zu durchbrechen.

Auch wenn ich die Werkzeuge, die ich heute dafür benutze, noch nicht kannte. Mentaltraining war zu diesem Zeitpunkt noch kein Thema. Faris war damals noch der Meinung, dass man entweder gewinnen will und die Motivation dann auch aus einem selbst kommt – oder eben nicht. Heute sagt er, dass der Mensch kopfgesteuert ist und es zwischen den Ohren stimmen muss, wenn man erfolgreich sein möchte: »Da sind Verbesserungen im Prozentbereich möglich«, ist er überzeugt. Ich finde, er hat recht.

An diesen Tagen vor dem 14. Mai in The Woodlands gelang es mir, meine Emotionen in Balance zu halten, weil ich mich dort grundsätzlich wohlfühlte. Leicht war es aber nicht, denn außerhalb des Trainings gab es nur wenig Ablenkung. Niemand kannte mich. Es gab kein Medieninteresse an meiner Person. Alles war ruhig. Lediglich meine Freundin, die ab und zu als freie Mitarbeiterin für das *triathlon*-Magazin arbeitete, schrieb eine kleine Serie für deren Webseite darüber, wie ich mich auf meinen ersten Ironman vorbereitete. Sie war die Einzige, die mich im Vorfeld interviewte, am Pool bei der Familie Gibbons.

* * *

Als dann schließlich der Renntag anbrach, hing der Himmel noch blauschwarz über dem North Shore Park, wo das Schwimmen stattfinden sollte. Ich war um 3:15 Uhr aufgestanden, so früh wie noch nie für einen Wettkampf. Der Start der Profis war für 6:25 Uhr angesetzt. Davor hieß es frühstücken, zum Wettkampfareal fahren, die Nerven bewahren. Mein Vater war da, meine Freundin. Tausende andere Athleten. Badekappen in Pink und Grün und Grau. Die Luft flirrte. Die Nervosität stieg.

Und irgendwann kam er dann endlich. Eine altertümliche Kanone donnerte, und wir starteten nebeneinander aufgereiht paddelnd im Wasser. Vor mir, hinter mir, neben mir Athleten. Wir schwammen. Schnurgerade durch den See, an dessen Ufern Bäume und Menschen standen. Im Wasser badete ein Seeungeheuer aus Stahl. Nichts davon war wichtig, nur der nächste Armzug. Ich schwamm. Kontrollierte, was ich kontrollieren konnte. Nach 48:57 Minuten stieg ich die extra für die Sportler errichtete Treppe vom Wasser hoch zum Ufer. Ich rannte durch die Wechselzone und griff meinen Wechselbeutel, den mit der Nummer 40. Er hing zwischen all den anderen, die genau gleich aussahen bis auf diesen kleinen Aufkleber. Dutzende Male war ich vor dem Start im Kopf die Strecke durchgegangen, die ich durch die Wechselzone, zum Beutel, zum Wechselzelt nehmen musste. Rein ins Zelt, Schwimmanzug abstreifen, Schwimmbrille, Badekappe und Anzug in den Beutel packen, einem Helfer in die Hand drücken und ab zum Rad. Der Kurs war flach und musste aufgrund von Überschwemmungen verkürzt werden. Untypisch für die USA hatte er viele Kurven und Wendepunkte. In den Geradeauspassagen hielt ich den Kopf unten, um möglichst aerodynamisch zu bleiben. Nahm so viele Kohlenhydrate zu mir, wie vorher besprochen. Vergaß diesmal nicht, ausreichend Flüssigkeit zu trinken. Kontrollierte, was ich kontrollieren konnte. Zweiter Wechsel nach 3:39:28 Stunden, als Neunter. Die letzte Disziplin stand an, das Laufen. Niemand hatte bis dahin Notiz von mir genommen. Nicht der Streckensprecher, nicht der Kommentator des Live-Tickers. Nicht die Macher des offiziellen Racevideos. Jetzt hieß es, nicht mehr länger unter dem Radar fliegen, sondern zeigen, was ich konnte. Mich zu zeigen.

* * *

Mit meinem Laufcoach Wolfgang hatte ich eine Strategie ausgetüftelt, die wir für realistisch hielten: 4:06 Minuten sollte ich auf den Kilometer laufen. Ich rannte einfach los und ließ mich von meinem Bauchgefühl und den Beinen leiten, die mir einen ausgesprochen frischen Eindruck vermittelten. Mit einer 3:50er-Pace ging ich die ersten paar Kilometer an. Es fühlte sich gut an. Ich rannte durch Wälder, am Fluss entlang und schließlich über eine Brücke, die von Weitem wie verrostet aussah. Die erste von drei Runden. Die zweite. Ich verpflegte mich. Mahnte mich, das Tempo zu drosseln.

Kontrolliere, was du kontrollieren kannst.

Meine Beine fühlten sich noch immer frisch an. So frisch, wie ich es davor und danach nur selten erlebt habe. Einen Athleten nach dem anderen sammelte ich ein. Ein kurzes Schulterklopfen für meinen Profi-Kollegen Andrew Starykowicz, der mit leerem Blick am Straßenrand entlanghumpelte. Für ihn war das Rennen an diesem Tag, an diesem Punkt, zu Ende. Mir dagegen schienen Flügel zu wachsen. Ich ging in Führung. Zum großen Erstaunen des Kommentators, der nicht die geringste Ahnung hatte, wer dieser Typ da war. Er musste sogar die Internet-Community auffordern, ihm zu schreiben, wie der »Guy« in den türkisfarbenen Schuhen hieß, der da plötzlich aus dem Nichts ganz nach vorn gelaufen war. Das World Wide Web lieferte: ein deutscher Rookie. »Pätrick Längi«, verkündete Sprecher Greg Welsh und prognostizierte: »Der läuft viel zu schnell. Ab Kilometer 30 wird der Ironman zurückstechen wie ein Skorpion.«

Doch der Stachel des Skorpions verfehlte sein Ziel, die Pforte zur Hölle tat sich nicht auf. Ich blieb fokussiert. Auf den Philippinen war ich so geflasht von dem Gedanken gewesen, gewinnen zu können, dass ich die Verpflegungsstrategie vergaß. Das sollte mir hier nicht passieren. Und es klappte. Ich überrundete Agegrouper. Rannte vorbei an Athleten, die gingen. Acht Minuten lagen zwischen mir und meinen nächsten, viel erfahreneren Verfolgern, Matt Russell und Terenzo Bozzone. Jetzt nur keinen Fehler machen, nicht leichtsinnig werden.

* * *

Im Zielkanal, auf rot-schwarzem Ironman-Teppich, zwischen futuristischen Gebäuden, musste ich dann nichts mehr kontrollieren. Ich würde gewinnen, mit einer Marathonzeit von zwei Stunden und vierzig Minuten! Ich ballte die Fäuste, klatschte Zuschauer ab. Ironman-Sprecher Mike Reilly verkündete: »You are an Ironman champion!« Ich griff das Zielbanner, riss es nach oben. Da stand mein Vater zwischen den Zuschauern. Mit feuchten Augen. Meine Freundin nahm mich in den Arm. Es war ein unglaubliches Gefühl. Alle Emotionen, die ich während des Wettkampfs zurückgehalten hatte, brachen sich ihre Bahn. Freude, Ungläubigkeit, Schmerz, Dankbarkeit, alles spiegelte sich im Zeitraffer in meinem Gesicht wider. Aber das Beste war, als mir Sprecher Mike Reilly im Zielinterview noch einmal bewusst machte, was dieser Sieg bedeutete, als er mich fragte: »Patrick, ist dir klar, dass du dich für Hawaii qualifiziert hast?« Und in dem Moment überlegte ich nicht, welche Antwort besonders pfiffig, sympathisch oder bescheiden klingen würde, sondern antwortete einfach aus tiefstem Herzen: »Ja! Geil, oder?«

Über St. Moritz nach Kona

Faris und ich hatten gehofft, dass ich es schon 2016 nach Hawaii schaffen würde. Wir hatten herumgerechnet und es für machbar befunden. Damals gab es noch ein Punktesystem für die Profis, um sich zu qualifizieren. Für verschiedene Platzierungen bekam man eine gewisse Anzahl Punkte. Hatte man genügend gesammelt, durfte man in Kona an den Start gehen. Unser Plan war gewesen, auch noch den Ironman in Frankfurt mitzunehmen, um genügend Punkte zusammenzubekommen. Das war nun nicht mehr notwendig. Mit einem einzigen Ironman, mit einem Sieg, hatte ich den Slot sicher. Ich hatte auf Anhieb bewiesen, dass ich es verdiente, nach Kona zu fliegen. Dass ich Langstrecke kann. Im Ironman geht es darum, unzählige Entscheidungen zu treffen, die jede für sich unumkehrbar ist.

Wenn du attackierst, dann attackiere richtig. Wenn du ein bestimmtes Tempo anschlägst, trag die Konsequenzen. Versuche durchzuziehen, aber bewerte die Situation immer aufs Neue. Verpflegung ist das A und O.

Meine Entscheidung, in Texas schneller anzulaufen als geplant, war eine bewusste. Früh meinen Rhythmus anzupassen und zu finden, das war mir an diesem Tag in Texas gelungen. Es war das Ende einer Durststrecke. Die Erfüllung eines Jugendtraums. Die Bestätigung dessen, was ich immer gespürt hatte: Ich kann erfolgreich sein im Ironman. Nur, dass ich das so schnell sein würde, das hätte wohl niemand gedacht.

* * *

Entsprechend wuchs nach dem Sieg das mediale Interesse an diesem »Typ, der da aus dem Nichts kam« – einem 15 Jahre währenden »Nichts« aus harter Arbeit und vielen Rückschlägen, wohlgemerkt. Ich durfte eine Rede bei der Siegerehrung des Ironman Texas halten, Interviews geben, die *FAZ* druckte einen langen Artikel, und das *triathlon*-Magazin schickte einen Fotografen nach Darmstadt, um Bilder für eine Geschichte über mich zu machen. Das war alles Neuland für mich, aber ich genoss die Aufmerksamkeit.

Es war cool, sich ein bisschen selbst darstellen zu können. Ich inhalierte förmlich das Interesse, das mir vermutlich viel größer vorkam, als es tatsächlich war. Denn damals hatte ich noch kein Management, alle Anfragen gingen direkt an mich. Und im Vergleich zu einer Handvoll E-Mails fühlte sich jede zusätzliche wie unfassbar viel mehr an. Ich fand es schön, über mich und meinen Sport zu reden, und tat dies auch überall noch zehn Minuten länger als nötig. Schließlich wusste ich nicht, wie oft das noch passieren würde. Tatsächlich ebbten die Anfragen bald wieder ab. Was blieb, war die Auszeichnung »Ironman Champion«. Und mit ihr kam ein ganz anderes Standing innerhalb der Triathlon-Profiszene. Meine Startnummern waren nun einstellig. Ich war jetzt jemand, auf den man aufpassen musste. Den man schlagen wollte. Und es war erst der Anfang.

* * *

Denn durch den Sieg beim Ironman Texas hatte ich nicht nur einen Wettkampf gewonnen, sondern auch die Freiheit, meinen Sport die nächsten zwei Jahre auf Profiniveau ausüben zu können: dank des Preisgelds, das nach Abzug von Steuern noch rund 25 000 Euro betrug und für mich damals unglaublich viel Geld war. Und durch Unternehmen, die mich aufgrund meiner Leistung unterstützten, unter anderem Canyon. Die Koblenzer waren eingesprungen, nachdem mein bisheriger Radsponsor wenige Wochen vor dem Ironman Texas pleitegegangen war. Ich kannte den damaligen Marketingmanager für Triathlon, Nis Sienknecht, noch aus seiner Zeit als Chefredakteur bei einer Triathlonzeitschrift, rief ihn vor dem Abflug nach Amerika an und erklärte ihm, dass ich nach meiner Langdistanz-Premiere ohne Rad dastehen würde. Er meinte: »Okay, wir können dich aktuell nicht sponsern, aber wenn du dich in Texas für Hawaii qualifizierst, dann stellen wir dir ein Rad.«

Das taten sie auch, weshalb ich genau genommen auf einem Leihrad bei meiner ersten Weltmeisterschaft startete. Aber das passte irgendwie. Ich war neu und konnte mich ausprobieren. Was das Material betraf ebenso wie in puncto Training.

Und ausprobieren, das machten wir in den verbleibenden sechs Monaten bis zum Abflug nach Kona ausgiebig. Es war schön, nicht noch in Frankfurt starten zu müssen, sondern sich in Ruhe auf Hawaii vorbereiten zu können. Auch weil ich merkte, wie viel Körner mich der Wettkampf in Texas gekostet hatte. Selbst nach zwei Wochen kompletter Trainingspause brauchte ich erstaunlich lange, um wieder in Tritt zu kommen. Aber das war okay. Ich hatte durch meinen Sieg Zeit geschenkt bekommen, und diese Zeit nutzten wir, um mein neues Fahrrad ohne Stress richtig auf mich einzustellen. Ich konnte ohne Termindruck an jeweils nur die nächste Trainingseinheit denken, und Faris' Trainingsaufbau fühlte sich entspannt an. Er sagte: »Das ist dein erster Hawaii-Start, du musst niemandem etwas beweisen. Steig mit einem Lächeln aus dem Flugzeug und mit einem Lächeln wieder ein.« Das machte mich unbeschwert. Unbeschwert für große Leistungen, von denen wir zu diesem Zeitpunkt noch nichts ahnten.

* * *

Mitte Juni schickte mich Faris für drei Wochen nach St. Moritz. Wir wollten testen, ob ein Höhentrainingslager für mich funktionierte, und ich war voller Vorfreude. Ich mag Berge, ich mochte die Truppe um den Schweizer Triathleten Jan van Berkel, mit der ich dort war. Ihn hatte ich angesprochen, weil ich wusste, dass er öfter dort trainierte. Er gab mir seine Termine, und Faris suchte einen aus, der für unseren Aufbau passte. Wir trainierten zusammen, aßen abends zusammen, redeten darüber, was gut lief und was nicht. Nur an meinen Ruhetagen stieg ich aus der Triathlonwelt aus und in eine Gondel ein, um auf einen der umliegenden Berggipfel zu fahren. Dort saß ich dann, schaute in die Gegend, trank einen Kaffee und lüftete meinen Kopf von alten Triathlongedanken. Damit wieder Platz war für neue Triathlongedanken.

St. Moritz und die dünne Bergluft taten mir gut, ich hatte das Gefühl, mit jedem Atemzug besser zu werden. Die Leistungstests nach dem Höhentrainingscamp bestätigten dieses Gefühl, ebenso wie die Test-Wettkämpfe, die ich danach absolvierte. Die Kurzdistanz in Heidelberg, ein richtig hartes Rennen, gewann ich mit Rekorden im Rad- und Laufsplit. Bei der Mitteldistanz in Wiesbaden wurde ich Vierter in einem sehr starken Feld. Die Richtung stimmte, ich zweifelte nicht. Das Training kam von Faris. Warum sollte ich? Vier Wochen vor Hawaii schickte er mich nochmals nach Texas, zu den Gibbons. Das hatte mir im Mai schon gutgetan. Kurz hatten wir darüber nachgedacht, stattdessen nach San Diego zu gehen. So hatte es Faris vor seinen Hawaii-Starts gemacht. Allerdings rauschte dort inzwischen deutlich mehr Verkehr durch die Straßen als zu seiner Zeit. Alles erschien uns eine Nummer zu groß für ein sinnvolles Triathlontraining. Was wir jedoch beibehielten, war Faris' San-Diego-Basisplan, den er wiederum von Altmeister Jürgen Zäck übernommen hatte.

Ich trainierte im Neunzigerjahre-Stil, mit den fixen Bausteinen: Montag Ruhetag, Dienstag Tempoläufe, Schwimmen und kurze Radeinheit, Mittwoch lange Radausfahrt und kurzes Schwimmen, Donnerstag eine mittellange Radeinheit über etwa drei Stunden, ein flotter Lauf und ein harter Swim sowie am Freitag fünf Stunden Rad plus Koppellauf und Schwimmen; Samstag langes, hartes Shoot-out auf dem Rad und schließlich Sonntag ein langer Lauf. Auf vielen Radausfahrten begleitete mich Boris Stein. Ich kannte ihn vom Sehen her schon aus Bundesligazeiten, er war in Wiesbaden 2016 vor mir Dritter geworden. Da er auch für Hawaii qualifiziert war und schon einmal in Texas trainiert hatte, fragte ich ihn im Zielkanal einfach, ob er Lust hätte, mit mir die Vorbereitung dort zu machen. Hatte er.

Dabei sind wir ziemlich unterschiedliche Charaktere. Wenn ich morgens noch mit Gastgeberin Maureen in meinen Kaffee schwieg, war Boris oft schon auf dem Rad, weil »es danach so heiß wird«. Er wollte so viel wie möglich planen, ich kam regelmäßig zu spät. Und während für ihn »Radausfahrt« bedeutete, nur ja nicht anzuhalten, war ich jederzeit bereit, die Fahrt für einen »richtig guten Kaffee« zu unterbrechen. Davon gab es dort nur leider nicht sehr viele. Aber wir kamen gut miteinander aus. Es war jemand da, mit dem man sich unterhalten konnte, auch über Themen abseits des Triathlons. Boris gab den Tagen Struktur, ich ihnen Lockerheit. Wir kauften zusammen ein, kochten gemeinsam, fuhren zur gleichen Zeit ins Schwimmbad. Beim Laufen, wo wir vom Tempo her nicht harmonierten, fuhr Boris manchmal mit dem Rad neben mir her und spielte das »Verpflegungsfahrzeug«. Wenn eine Einheit mal nicht lief, gab es jemanden, der das verstand – auch wenn Boris Faris' Trainingspläne an sich grundsätzlich nicht verstand –, und er war ein ebenbürtiger Gegner an der Playstation. Formel 1. Natürlich.

Boris wurde auch Zeuge einer recht ungewöhnlichen Erste-Hilfe-Aktion seitens unseres Gastgebers Greg: Ich hatte mir beim Radfahren ein eingewachsenes Haar eingefangen, einen Abszess oder auch »Sitzpickel«. Der war äußerlich klein, tat aber so weh, dass ich kaum noch wusste, wie ich auf dem Sattel sitzen sollte. »Kein Problem«, verkündete Greg, der hauptberuflich Mediziner ist. »Ich bringe ein paar Instrumente und Desinfektionsmittel aus der Arbeit mit und dann schneide ich dir den raus. Wann ist dein nächster Ruhetag?« Ich lachte. Aber er machte keine Witze. Am Abend vor dem Ruhetag breitete er seine Ausrüstung in der Garage aus, die ein kleines Heimfitnessstudio beherbergte. »Leg dich da drauf«, sagte er und deutete auf die Hantelbank. Mit einem Kloß im Hals tat ich wie geheißen und hoffte, dass die lokale Betäubung wirken würde, die er mir in die Pobacke gejagt hatte. Sie wirkte. Es dauerte nur ein paar Minuten, dann war alles vorbei. Halb so wild, fand ich. Boris dürfte das anders gesehen haben. Denn als er während der »OP« einmal kurz den Kopf in die Garage steckte, bot sich ihm ein Bild, das ihn wohl nachhaltig beeindruckt hat. Jedenfalls meinte er: »Ich habe nicht gewusst, wie viel Körperflüssigkeiten man mit sich herumschleppt, die man eigentlich nicht braucht.«

* * *

Wen ich im Gegensatz zu bestimmten Körperflüssigkeiten sehr wohl brauchte, war Faris. Mit ihm tauschte ich mich fast jeden Tag per Mail oder Telefon aus. Die Trainingspläne schickte er per WhatsApp. Der grobe Plan kam Anfang der Woche. So wusste ich, an welchem Tag welche Disziplin(en) anstanden. Die Details kamen tagesaktuell. Da stand zum Beispiel: »Sonntag fährst du nach XY und machst 3 x 10 mins GA2, so 280 bis 300 Watt.« Dieses unkonventionelle Vorgehen hatte den Vorteil, dass Faris immer darauf eingehen konnte, wie ich mich aktuell fühlte. Darauf, ob ich wirklich platt und es sinnvoll war, die Intervalle langsamer anzugehen. Oder ob es gewollt war, dass sich die Beine schwer anfühlen und ich durchziehen musste. Diese Tagesaktualität klappte allerdings mal mehr, mal weniger gut. Manchmal vergaß Faris, mir Anweisungen zu schicken, schließlich hatte er nie mit Coach trainiert und seine Trainingspläne immer im Kopf gehabt. Für ihn war ganz klar, welche Inhalte das Training haben musste, wenn zum Beispiel an einem bestimmten Tag Schwimmen auf dem

Plan stand. Für mich war es das nicht. Ich wollte genaue Instruktionen. Und so kam es durchaus mal vor, dass ich ihm morgens auf dem Weg zum Pool hektisch eine WhatsApp tippte, was ich denn nun machen sollte.

WM ist nur einmal im Jahr

Zehn Tage vor der Ironman-Weltmeisterschaft flogen wir nach Kona. Ab da verbrachten Boris und ich nicht mehr ganz so viel Zeit miteinander. Er war sehr fokussiert, ich eher euphorisch. Ich fuhr mit einem breiten Dauergrinsen durch die Gegend, grüßte ständig irgendwelche Leute, rief: »O, schau mal, da ist der und der!«; oder ich bestand darauf, dass wir noch auf einen Kaffee ins Lava Java oder auf einen Absacker in irgendeine Beachbar gingen. Es war Kona, es war WM! Ich wollte jeden Moment genießen. In den Tagen vor dem Wettkampf fuhr ich viel mit Will Clarke, mit dem ich zu meiner Buschhütten-Zeit oft auf dem Hotelzimmer war. Mein Training gestaltete ich relativ spontan, schaute von Tag zu Tag, auf was ich Lust hatte.

Was man in den letzten Tagen vor dem Rennen nicht draufhat, holt man kurz vorher auch nicht mehr auf.

Zwar kannte ich Kona schon von einer rein touristischen Reise vor ein paar Jahren. Dadurch hatte ich das Sightseeing schon hinter mir, was es leichter machte, mich aufs Rennen zu konzentrieren. Dennoch suchte ich mir immer wieder kleine Fluchten aus der Triathlonblase, war mit meiner Freundin und meinem Vater beim Stand-up-Paddeln und schwamm mit Delfinen. Als ich das Natascha Badmann erzählte, die vor genau zwanzig Jahren das erste Mal als Profi auf Hawaii gestartet war, wäre sie fast vom Stuhl gefallen. Aber ich glaube, es ist gut, wenn man auch vor einer Weltmeisterschaft mal drei Stunden lang nicht an Triathlon denkt. Ich wäre verrückt geworden, wenn ich nur auf dem Zimmer gelegen und an die Decke gestarrt hätte. Das erste Mal Hawaii gibt es schließlich nur einmal.

Nichtsdestoweniger war ich am Vorabend vor dem Wettkampf angespannt. Auch noch am Rennmorgen. Aber es war eine gute Anspannung. Eher eine ungeduldige Neugier auf das, was da auf mich wartete. Als wir am Pier ankamen, mein Vater, unser gemeinsamer Freund Michael und meine Freundin, war es noch dunkel. Es herrschte eine besondere Stimmung. Fast schon ein bisschen feierlich. Ich bekam die »Tattoos« mit meiner Startnummer aufgepinselt (die Nummer 20, hier war ich nur ein kleines Licht), ging weiter, und jeder wünschte jedem Glück. Es knisterte. Es war anders als alles, was ich bisher gemacht hatte. Das Licht dort war ein ganz spezielles, als sich die Sonne über den Horizont schob. Der Himmel lila, blau, pink. Grünlich-weiße und orangefarbene Beleuchtung auf den Gesichtern in der Wechselzone. Das Meer glühte rot, bevor es langsam in ein softes Grau-Blau wechselte. Ich spürte, dass das, was hier passierte, einzigartig war. Eindrucksvoll. Martin hatte recht gehabt. Ich freute mich auf diesen Tag, der da gerade erwachte. Ich war konzentriert, aber nicht im Tunnel. Ich wollte alles mitbekommen, was um mich herum geschah. Alles, was die Insel für mich bereithielt.

* * *

Das war zunächst einmal ein lauter Knall in der Wechselzone. Ich bereitete gerade mein Rad für den ersten Wechsel vor, als einem Athleten neben mir der Schlauch platzte. Kurz vor dem Start. Wie eine Katze ohne Schwanz rannte er durch die Wechselzone, wusste nicht, was er tun sollte. Ich konnte das verstehen, es war schließlich auch für ihn der wichtigste Morgen des Jahres. Vielleicht sogar des Lebens. Also ging ich zu ihm hin und sagte: »Grüß dich, ich bin Patrick. Was ist los?« Er stellte sich als Markus Thomschke vor und erklärte, dass er einen Platten, aber kein Werkzeug habe. »Guck, da vorn ist der Technikstand, die helfen dir«, schlug ich vor. »Und sei froh, dass es nicht im Rennen passiert ist.« Markus war perplex. Und dankbar. Da war jemand, der noch aufnahm, was um ihn herum passierte. Wir trafen uns nach dem Rennen wieder, und aus dieser ersten Begegnung ist eine Freundschaft entstanden, die immer noch anhält. Bis heute bin ich außerdem überzeugt, dass ich bessere Leistungen bringen kann, wenn eine gewisse Lockerheit herrscht und ich mich nicht nur auf mich konzentriere. Ich tat, was sich richtig für mich anfühlte.

* * *

Wenig später ging ich hinunter zum Meer, um mich einzuschwimmen. Die Anspannung löste sich. Ich reihte mich neben die anderen Athleten ein für den Schwimmstart. Eine Perlenkette weißer Kappen hinter einer Startlinie aus Volunteers auf Surfboards. 6:25 Uhr, Start der Profimänner. Eine altertümliche Kanone am Pier hustete eine weiße Rauchwolke aus und eröffnete mit einem lauten Knall das Rennen. Als der Startschuss fiel und wir losschwammen, war jede Nervosität wie weggeblasen. Obwohl mir nach 400 Metern ein Mitschwimmer versehentlich den Reißverschluss aufzog und ich erst einmal kurz stoppen und ihn wieder schließen musste. Trotz der Tritte und Schläge, die in einem Feld wie dem auf Hawaii normal sind. Alle Athleten sind in Bestform, sich abzusetzen gelingt nur wenigen. Ich war gefühlt ständig mitten in einem Pulk aus Armen und Beinen. Doch das Wasser war relativ ruhig, es gab kaum Wellen, und so schaffte ich es, nach 48:57 Minuten als Dreiundzwanzigster aus dem Wasser zu steigen. Nicht super weit vorn, aber weit genug, um fürs Radfahren einigermaßen gut positioniert zu sein. Ich rannte unter dem Duschbogen durch, der mir das Salzwasser von der Haut spülte. Vorbei an endlosen Reihen von Fahrrädern. Schwimmkappe runter, Radhelm auf. Raus aus der Wechselzone und rauf auf den Sattel. Ich bekam nichts davon mit, was vorn passierte. Dass erst Jan Frodeno führte, sich dann Luke McKenzie vorschob. Dass Andreas Raelert vorn mit dabei war, Michael Weiss eine Weile an erster Position fuhr und bei Hawi einbrach. Dass sich schlussendlich Jan Frodeno, Sebastian Kienle, Luke McKenzie und Ben Hofmann absetzten und als Erste auf die Laufstrecke wechselten. Es spielte keine Rolle.

Ich blieb bei mir und tat, was sich richtig für mich anfühlte.

Die Athleten in meinem Bereich waren alle sehr nah beieinander, uns trennten nur wenige Sekunden. Faris und ich hatten ausgerechnet, dass es für die Top 15 reichen könnte, vielleicht auch für die Top Ten, wenn es sehr gut lief. Das war alles noch drin. Denn nach einem kurzen Kampf mit meinem Radschuh, dessen Lasche sich verhakt hatte, fühlten sich meine Beine richtig geschmeidig an. Das war sie nun also, die berühmte Radstrecke. Der Queen K Highway, die Straße nach Hawi, der Wendepunkt. Alles verschmolz zu einem langen schwarzen, heißen Asphaltband, auf dem sich die Athleten aufreihten, umrahmt von dürrem braunen Gras und Lava. Gerade so weit voneinander entfernt, dass der vorgegebene Mindestabstand von zwölf Metern eingehalten wurde. Immer darauf bedacht dranzubleiben, nicht abreißen zu lassen, zu lauern. Eine Kunst – und eine Falle, in die ich prompt tappte. Nach rund 100 Kilometern kurbelte ich in regelkonformer Formation über den Highway, hatte mal plätschern lassen, auch mal einen Durchhänger gehabt, aber alles in allem lief es gut. Bis ein Sportler zwei Positionen vor mir langsamer und der Abstand zu den Vorausfahrenden größer wurde. *Egal, mach dein Ding,* sagte ich mir. Nur, dass ich mein Ding nicht mehr machen konnte. Mir war das Tempo zu langsam, der Abstand wurde mir zu groß. *Ich muss zufahren,* dachte ich und trat an. Als ich ungefähr auf Höhe des Athleten war, der hatte reißen lassen, überkam ihn wohl der gleiche Gedanke. Er beschleunigte wieder und schloss die Lücke vor sich, in die ich eigentlich hatte einscheren wollen.

Damit steckte ich in der Klemme. Ich war am Anschlag und es war klar, dass der Überholvorgang viel zu lange dauern würde. Selbst wenn ich noch Reserven gehabt hätte: Ich hätte an 25 Athleten vor mir vorbeifahren müssen, um einen Zwischenraum zu finden, der groß genug war, um den Mindestabstand einzuhalten. In meiner Not also drückte ich mich in eine der nächsten Lücken, die größer als zwölf Meter erschien, und schickte ein kleines Stoßgebet gen Himmel, dass sie auch wirklich dem regelkonformen Abstand entsprechen möge. Eine Aktion, die in jedem Wettkampf vorkommt und bei der Leistungsdichte im Profifeld leider kaum zu vermeiden ist. Aber eine, die ich genau in dem Moment brachte, als ein sehr schlecht gelaunter Wettkampfrichter auf seinem Motorrad in der Nähe war. Er signalisierte mir: fünf Minuten Zeitstrafe, ab ins Penalty-Zelt. Der kleine gelbe Pavillon am Streckenrand war bereits zum Bersten voll. Gut 20 Athleten drängten sich dort zusammen. Der Wettkampfrichter musste wirklich sehr schlechte Laune gehabt haben.

* * *

Da stand ich nun, es waren die bis dato längsten fünf Minuten meines Lebens, und guckte den Sportlern zu, die an mir vorbeizogen. Hatte sich der Wettkampf damit für mich erledigt? War's das mit den Top 15? Ich musste etwas besorgt ausgesehen haben. Jedenfalls sprach mich Andreas Raelert an. Er war vergangenes Jahr Zweiter auf Hawaii geworden, schon mehrmals hier auf dem Podium gewesen und ebenfalls im Strafzelt gelandet. »Mach dir keine Gedanken. Das ist nicht so schlimm«, sagte er. »Das passiert jedem mal. Der Tag ist noch lang und du kannst gut laufen.« Ich sah ihn verdutzt an und dachte stumpf: *Okay, wenn das Andreas Raelert sagt, dann wird das wohl stimmen.* Es war der beste Ratschlag, den ich in dieser Situation hätte bekommen können. Mit neuer Motivation rollte ich auf die Strecke, schloss mich mit Brent McMahon zusammen, und wir wechselten uns in der Führungsarbeit (mit zwölf Metern Abstand) ab. Nach 4:37:49 Stunden erreichte ich die zweite Wechselzone, noch immer an 23. Stelle. Elf Minuten Rückstand auf die Führenden. Ausgerechnet hatte ich mir vor dem Wettkampf, dass es auch mit 15 Minuten Rückstand noch ein gutes Rennen für mich werden könnte, wenn ich einen Lauf wie in Texas abliefern könnte. Gar nicht mal so schlecht. Auch vom Gefühl in den Beinen her. Nach Texas, wo der Radkurs teils nicht befahrbar und deshalb nur 155 Kilometer lang gewesen war, hatte ich mir immer wieder anhören müssen: »Das war ja eigentlich kein richtiger Ironman. Du wirst schon sehen, auf Hawaii ...« Ich war froh, dass diese Prognose nicht eingetreten war, sondern ich auch nach 180 Kilometern noch Reserven in den Beinen hatte, selbst wenn die sich anfangs noch etwas zierten. Die ersten paar Kilometer lief ich zwar, aber irgendwie nicht rund. Nicht so, dass es sich toll angefühlt hätte. Dieses Gefühl stellte sich erst ein, als ich begann, die ersten Athleten einzusammeln. *Da könnte was gehen,* schoss es mir durch den Kopf, gefolgt von einer Welle aus Ambition und – dem Flow. Auf einmal konnte ich pushen, es fühlte sich fast so an, als liefe ich eine Kurzdistanz. »Mach einen 4:03er-Schnitt«, hatte Faris mir im Vorfeld empfohlen. »Ein Marathon in 2:48 Stunden ist drin.« Aber Faris war nicht da. Mit einer Pace von 3:40 Minuten ging ich die ersten Kilometer des Marathons an.

In diesem Moment war ich mir meiner Leistungsfähigkeit so sicher wie selten. Ich verließ mich darauf zu wissen, wie sich Laufen anfühlt, wenn es gutes Laufen ist. Schneller als gedacht hatte ich mich in die Top Ten vorgeschoben, zu diesem Zeitpunkt bestand die Spitze aus drei Deutschen: Frodeno, Kienle und Andreas Böcherer. Dicht dahinter lagen Ben Hoffman und Tim O'Donnell. Davon hatte ich keine Ahnung. Auch davon nicht, wo genau im Feld ich mich befand. Ich wusste nur, dass jeder Athlet, den ich überholte, eine weitere Ladung Energie in mir freisetzte. Ich funktionierte. Auch an den Verpflegungsstationen, wo ich mir wie entfesselt Dutzende Schwämme in den geöffneten Wettkampfanzug steckte, mir Wasser über den Kopf schüttete, trank, mehr Schwämme in meinen Anzug stopfte … alles innerhalb von Sekunden. Alles, ohne langsamer zu werden.

Als ich nach dem legendären Energy Lab, einer Forschungsstation im Nirgendwo, nach rund 35 Kilometern auf Platz sechs vorgerückt war, wurden auch die Veranstalter auf mich aufmerksam. Kameramotorräder schoben sich neben mich. Ich überholte Mitfavoriten wie Andreas Böcherer und Ben Hoffman, griff immer wieder nach einer Flasche, die ich über dem Schwamm-Sixpack in meinem Anzug gelagert hatte, um nur ja nicht zu dehydrieren. *Geil, geil, geil,* dachte ich, während ich den Highway hinunterrannte. Fast wünschte ich mir, der Laufkurs wäre noch ein Stück länger, damit dieses Gefühl anhielte. Gefühlt hätte ich ewig weiterlaufen können. Zwar war ich ein wenig langsamer geworden, rannte aber noch immer rund 3:50 Minuten auf den Kilometer. »Du bist Dritter«, rief mir plötzlich jemand vom Streckenrand zu. Dritter? Ich hörte die Worte, aber so richtig kamen sie nicht bei mir an. Meine Hawaii-Premiere auf dem Podium zu beenden sprengte meine Vorstellungskraft. Lieber nicht weiter darüber nachdenken. Lieber dieses unglaubliche Gefühl genießen. Das Gefühl zu tun, was richtig für mich ist.

Ich bog in den Alii Drive ein. Menschen am Straßenrand, die anfeuerten und jubelten. Hinein in den Zielkorridor, an dessen Banden sich die Zuschauer dicht an dicht drängten. Dutzende in die Luft gereckte Handykameras, Klatschen, Rufen. Irgendwer hielt mir eine kleine Deutschlandfahne und einen Kranz mit schwarz-rot-goldenen Stoffblüten hin. Ich griff danach – und langsam kamen die Emotionen hoch. Alles, was ich mir zu fühlen verboten hatte, um nicht im letzten Moment alles zu versauen oder zu früh zu feiern und dann enttäuscht zu werden, brach aus mir heraus. Ich lachte, weinte, machte ein paar Schritte in den Zielbereich hinein, stoppte wie ferngesteuert meine Uhr, lachte wieder, schlug die Hände ungläubig vors Gesicht, weinte, lachte. Ich bekam einen sogenannten »Lei« aus grünen Blättern umgelegt. Was bitte war hier gerade passiert? Und wie unfassbar großartig, wie perfekt kann sich ein Moment anfühlen? Ich tänzelte herum, das Fähnchen fest umklammert, umarmte, wen ich zu fassen bekam, beglückwünschte Jan Frodeno und Sebastian Kienle – uns war es gelungen, zum zweiten Mal nach 1997 ein rein deutsches Podium zu erkämpfen. Dann empfing ich AndreasBöcherer, der nach Ben Hoffman als Fünfter durch den Zielbogen lief. Die Freude war riesengroß.

* * *

Als einen der »denkwürdigsten Zieleinläufe der Geschichte des Ironman-Triathlons auf Hawaii« bezeichnete die *FAZ* mein Finish. Für mich war es das auf jeden Fall. Ich hatte Gänsehaut am ganzen Körper. Ich sah, wie sehr sich mein Vater für mich freute, Michael, meine Freundin. Es war das irrsinnigste Gefühlschaos, das ich bis dahin erlebt hatte. Weil weder Faris noch ich gedacht hätten, dass ich so weit nach vorn laufen würde. Und weil wir niemals gedacht hätten, dass ich das mit einem neuen Rekord auf der Laufstrecke tun würde. Mit 2:39:45 Stunden hatte ich die 27 Jahre alte Bestmarke von Mark Allen um 19 Sekunden unterboten. Mark Allen! Er war einer meiner Helden. Das Buch *Iron War*, in dem das legendäre Schulter-an-Schulter-Duell zwischen ihm und Dave Scott bei der Ironman-WM 1989 beschrieben wird, hatte ich verschlungen. Jetzt stand er im Ziel neben mir, in schlichtem schwarzen Kurzarmhemd, Käppi mit Hawaiimuster-Druck, und lächelte mich an. Ich schwankte zwischen Ehrfurcht, Freude, schlechtem Gewissen und hatte plötzlich das dringende Bedürfnis, mich bei ihm zu entschuldigen. Ich ging auf ihn zu, streckte ihm die Hand entgegen und murmelte irgendwas wie: »Sorry that I just broke your record.« Er lachte herzlich, klopfte mir auf die Schulter und versicherte mir, dass das schon in Ordnung sei. Er wusste damals wie heute: Rekorde sind vergänglich und dazu da, um gebrochen zu werden.

Alles verschwamm in einer Welle aus Freude und Ungläubigkeit. Es war ein unfassbarer Cocktail aus Gefühlen, ich weiß gar nicht, wie ich das beschreiben soll. Es ist wie tausend Geburtstage, Weihnachten und Ostern zusammen, alles in zehn Sekunden. Mein Vater war total überwältigt. Er stand da, mitten unter den Fans im Zielbereich, neben unserem Freund Michael, und weinte. Ich ging zu ihm, er nahm meinen Kopf in die Hände und wir standen einfach nur da und sahen uns an, während uns die Tränen übers Gesicht liefen. Es gibt von dieser Szene ein Foto, über die Schulter meines Vaters fotografiert. Ich habe die Hände über Mund und Nase gefaltet, aber in meinen Augen sieht man, dass ich es nicht fassen kann, was da eben passiert war. Ein Moment, der das Gefühl dieses Tages genau einfängt. Ein Gefühl, das für die nächsten Tage und Stunden nicht mehr aufhören sollte.

* * *

Quasi im Sekundentakt trudelten Nachrichten auf meinem Smartphone ein, ich bekam Glückwünsche von meinen Freunden. Ultraläufer Florian Neuschwander, mit dem ich manchmal trainierte, hatte mit ein paar gemeinsamen Freunden das Rennen geschaut und schickte mir ein Video, in dem er in die Runde filmt, die ekstatisch meine Aufholjagd bejubelt. Er selbst brüllt fast am lautesten. Wenn ich einen Tiefpunkt habe, wenn ich zweifle, warum ich das hier mache, schaue ich es mir manchmal noch an. Genau wie einige der anderen Botschaften. Weil sie mir die Bestätigung geben, dass das, was ich tue, etwas in anderen Menschen auslösen kann.

Eine kleine Gruppe »anderer Menschen« fand sich auch nach dem Rennen bei uns zum Barbecue ein. Das Haus, das wir für unseren Aufenthalt in Kona gemietet hatten, war geräumig, hatte einen Garten, einen Pool und einen großen Grill. Schon vor dem Wettkampf hatten wir deshalb angekündigt, dass wir bei uns grillen würden – unabhängig davon, wie das Rennen laufen würde. Um die 15 Leute kamen vorbei, darunter meine Profikollegen Will Clarke und Matt Russell mit seiner Frau, mein Trainingskumpan Boris Stein, meine Wechselzonenbekanntschaft Markus Thomschke, Nis von Canyon und sein Kollege Stefan »Keule« Keul, der – zum ersten Mal in meiner Triathlonkarriere – vor einem Rennen mein Bike professionell auf Vordermann gebracht hatte. Die Stimmung war gelöst, wir aßen, feierten. Mein Vater lief herum, drückte jedem ein Bier in die Hand, stieß mit allen an und machte sich an diesem Abend damit viele neue Freunde.

Das war er also, der Spirit von Kona. Der Teil, in dem es nicht nur darum geht zu überleben, sondern zu erleben. Zu genießen. Auf Hawaii scheinen die Gefühle immer ganz dicht unter der Oberfläche zu brodeln. Verzweiflung und Schmerz ebenso wie Freude und Euphorie. Es braucht nicht viel, und sie brechen durch. Im Wettkampf wollte ich das auf keinen Fall. Jetzt wollte ich fühlen. Alles. Intensiv. Wollte ihn konservieren, diesen Tag. Irgendwann nahm mich mein texanischer Gastgeber Greg zur Seite. Er war ebenfalls gestartet, hatte nach 11:39:08 Stunden gefinisht und wusste ganz genau, was dieser 3. Platz für mich bedeutete. Er sah mich mit ruhigen Augen an, lächelte und sagte: »Hey, Patrick, ich hab's dir doch gesagt: Du bist für die Insel gemacht.«

Zu viel gewollt

Sogar mein emotional sehr bayerischer Trainer Faris Al-Sultan ließ sich zu einer Art Begeisterungssturm hinreißen: »Gut. Hast du gut gemacht«, kommentierte er meinen Erfolg. Gedanklich war er aber schon einen Schritt weiter. »Patrick, du musst jetzt clever sein«, schärfte er mir ein. »Du bist an einem wichtigen Punkt in deiner Karriere, was die Sponsorenverhandlungen angeht.« Er gab mir ein paar Empfehlungen, die ich zwar aufnahm, aber noch nicht so richtig zuordnen konnte. Die Wochen nach der Ironman-Weltmeisterschaft rasten vorbei, als säße ich in einem Formel-1-Wagen. Erst als es Richtung Winter ging, wurde mir langsam bewusst, dass ich meine weitere Karriere mit diesem dritten Platz tatsächlich neu ausgerichtet hatte. Ich bekam jede Menge Medienanfragen, wurde zu Veranstaltungen wie »Sportler des Jahres« oder den »Deutschen Sportpresseball« eingeladen, und zum ersten Mal in meiner Karriere klopften Unternehmen bei mir an wegen eines Sponsorings – und nicht umgekehrt. Ich hatte einen Physiotherapeuten, der sich regelmäßig um mich kümmerte, und mit »Keule« einen Fahrradmechaniker, der bald auch zu einem engen Vertrauten wurde. Jan Sibbersen, selbst ehemaliger Profitriathlet, bot mir nicht nur ein Sponsoring an, sondern auch, sich als mein Manager um alles Vertragliche zu kümmern, was bisher ein Freund von mir, Fredrik Ljungström, nebenher erledigt hatte.

Zusammen legten Jan und ich Kriterien und Werte fest, nach denen wir Sponsoren aussuchen wollten. Das oberste Gebot lautete: Performance über Finanzielles. So käme es für mich zum Beispiel nie infrage, ein langsames Bike zu fahren, nur weil ich einen ordentlichen Batzen »Schmerzensgeld« dafür bekomme. Erst recht nicht, seitdem ich dank Windkanal- und Bahntests weiß, wie viel früher ich schon deutlich schneller hätte sein können. Auch würde ich lieber meine Laufschuhe selbst bezahlen, wie ich es bis 2016 getan hatte, wenn sie passen und ich schnell damit rennen kann, anstatt Geld für einen Kompromiss einzuheimsen. Das Verrückte war: Die selbst erstellen Vorbehalte konnten wir tatsächlich umsetzen. Ich war auf einmal in der luxuriösen Position, mir meine Sponsoren aussuchen zu können. Auch meinen Hauptsponsor. Ich wählte das Team Erdinger Alkoholfrei. Nicht, weil sie mir am meisten Gehalt angeboten hatten, sondern weil ich bei diesem Team um Werner Brombach das Gefühl hatte, dass es dort loyal zugeht und man sich auch dann um die Athleten kümmert, wenn sie mal eine Saison lang keine Bestleistung abrufen können oder verletzt sind. Es war die persönliche Komponente, die mich reizte. Ich wollte eine sportliche Familie um mich, die sich gegenseitig unterstützt. Genau wie es im Leichtathletikverein meines Vaters war, als ich mit dem Ausdauersport anfing: in Bad Wildungen, 12 000 Kilometer entfernt von Kona, Hawaii.

Der dritte Platz bei meiner WM-Premiere und der Laufstreckenrekord machten aber auch noch etwas anderes mit mir. Sie zeigten mir, dass ich eine echte Chance hatte, dieses Rennen zu gewinnen. Ich war fest davon überzeugt, dass es möglich war – und ich wollte alles dafür tun, um mir diesen Traum zu erfüllen.

* * *

Zunächst ging auch alles in die richtige Richtung: Ich zog aus der WG aus und mit meiner Freundin in eine Wohnung in Darmstadt. Die war zwar nicht groß, aber es war dennoch mehr Platz für uns, meine Ausrüstung und einige Andenken an wichtige Wettkämpfe: ein »Schneller, besser, Lange«-Plakat, mit dem mich Freunde bei der Duathlon-DM 2010 angefeuert hatten, ein »Happy Ironman«-Wimpel aus Texas, die Holzschale mit der goldenen Plakette »Ironman World Championship, Third Place Professional Male, October 8, 2016« und auf dem Wohnzimmertisch Autogrammkarten, die mich mit Fähnchen und ungläubigem Gesichtsausdruck beim Zieleinlauf auf Hawaii zeigten. Ich hatte Autogrammkarten! Und es gab Leute, die eine haben wollten! Zwischen zwei Einheiten setzte ich mich manchmal aufs Sofa und unterschrieb ein paar.

Manchmal verdrückte ich mich auch in das kleine Hinterzimmer mit der Dachschräge, in dem ich mir eine winzige Schrauberwerkstatt eingerichtet hatte. Ein Montageständer in der Ecke, auf den ich mein Rennrad gerade so einspannen konnte, ohne dass es an die Dachschräge stieß. Ein Tisch, dessen helle Holzplatte kaum noch zu sehen war unter Fläschchen mit Kettenfett und Fahrradreiniger, Bremsbelägen, Bowdenzügen, Gaffatape und Plastikboxen mit Schrauben, Lenkerband und allerlei Kleinkram. Darunter reihten sich Radschuhe auf, an der Wand lehnten die Carbonlaufräder meines neuen Sponsors Swiss Side. Zwar kümmerte sich »Keule« hervorragend darum, dass meine Räder beim Wettkampf in Topzustand waren. Auf ihn war Verlass, ihm hätte ich sogar die PIN meiner EC-Karte verraten. Aber ich mochte es, auch mal selbst Hand anzulegen. Zu wissen, dass an meinen Rädern zu jeder Zeit alles so war, wie ich es brauchte, um liefern zu können.

Eine neue Dimension hinsichtlich optimaler Sitzposition auf dem Rad stieß Swiss Side mit seinen Windkanaltests für mich auf. Die Gründer und viele der Ingenieure stammen aus der Formel 1, entsprechend akkurat gingen und gehen sie an das Thema Aerodynamik heran. Ich war begeistert, konnte mich mit Menschen austauschen, die für Ideen brannten, für die ich vor Kurzem noch Kopfschütteln geerntet hatte. Auf Basis der Radeinstellung, die mein Kumpel Felix und ich im Wohnzimmer und im Odenwald ausgetüftelt hatten, entstand zunächst ein Set-up, das mich im Wind stabiler bleiben und die Aeroposition länger halten ließ, und ein Jahr später, im Zuge des »Projekt 101« für das erste Sub-8-Stunden-Finish auf Hawaii, ein maßgeschneidertes Cockpit, das mittels 3D-Titandruckverfahren genau auf meine Armform und -position hin gefertigt wurde. Ich hatte das Gefühl, dass sich endlich alles fügte. Dass ich mich als Profi gefestigt hatte. Alles schien sich zu verändern. Bis auf meinen Saisonaufbau. Faris und ich fuhren dieses Jahr die gegenteilige Strategie unseres »Lass uns alles mal ausprobieren«-Ansatzes von 2016, die da hieß:

Keine Experimente. Nur ja nichts riskieren.

Wir planten exakt so wie im vergangenen Jahr, inklusive einem gemeinsamen Trainingscamp im arabischen al-Ain.

* * *

Dort passierte etwas, das vielen Menschen passiert, die sehr viel von sich selbst verlangen: Ich ignorierte die Signale meines Körpers. Es begann im März 2017 mit einem kleinen Ziepen im Fuß beim Laufen. Unangenehm, aber nichts, worüber ich mir weiter Gedanken machte. »Das ist von allein gekommen, das wird auch von allein wieder weggehen«, redete ich mir ein. Doch das tat es nicht. Es wurde stärker. Bald kam jeder Schritt beim Laufen und jede Kurbelumdrehung einer Überwindung gleich. Ich hatte zu lange gewartet. Zu lange in den Schmerz hineintrainiert. Vielleicht wäre es zu Hause anders gelaufen. Aber in al-Ain hatte ich keinen Physio dabei, und für die Arztsuche dort wollte ich mir keine Zeit nehmen. Schließlich war ich nicht hier, um in Wartezimmern herumzusitzen, sondern um die Grundlage zu legen für die nächste Leistungsstufe. Für eine Saison, in der ich zeigen wollte, dass ich keine Eintagsfliege war.

Für dieses Verhalten bekam ich, zurück in Deutschland, die Quittung. Es begann eine echte Ärzte-Odyssee. Ich verbrachte gefühlt so viel Zeit in Praxen wie zuvor nur in meinem Job als Physiotherapeut: Fünf Spezialisten nahmen sich der mysteriösen Verletzung an. Inzwischen stand fest, dass es sich um ein Knochenödem handelte, eine Wasserablagerung im Knochen. Doch niemand wusste, was genau sie verursacht hatte. Ob es eine Entzündung gab und, wenn ja, wo sie saß. Sieben Cortisonspritzen bekam ich in den Fuß, an verschiedene Stellen. Keine half. Ich war verzweifelt, fühlte mich ausgebremst. Vom Schicksal. Vom Universum. Von irgendeiner höheren Macht, die es anscheinend witzig fand, mich die sportliche Achterbahn wieder runtersausen zu lassen, obwohl ich gerade erst mühsam oben angekommen war. Ich hatte große Pläne gehabt, und auf einmal musste ich meine Ziele für die Saison über den Haufen werfen. Aus »Ich will den Ironman Frankfurt gewinnen« wurde »Ich will den Ironman Frankfurt finishen und meinen Startplatz auf Hawaii validieren«.

Wochen vergingen, ohne Aussicht auf Besserung. Bis Mai. Da schaute sich ein weiterer Arzt mein Problem an und konstatierte: »Das liegt am Dosenthunfisch.« Zwar ernährte ich mich weitestgehend vegetarisch, Fisch durfte es aber ab und zu sein. Vor allem Nudeln mit Thunfisch. Die waren günstig, schnell gemacht, ließen sich auch im Hotelzimmer zubereiten und machten satt. Außerdem waren sie ein Faris-Klassiker. Was also sollte daran falsch sein? Gerade in al-Ain hatte ich sicher jeden Tag eine Dose gefuttert. Was mir nicht klar war: »In Dosenthunfisch stecken Blei und Quecksilber, die sich im Körper anreichern können«, erklärte mir Arzt Nummer sechs. Wie immer machte auch hier die Dosis das Gift. Eine hohe Konzentration an Schwermetallen im Körper kann wohl die Knochenregeneration beeinträchtigen.

Vielleicht hätte ich das nie gemerkt, wenn ich nicht gleichzeitig zu meinem immensen Dosenthunfischkonsum auch noch mit einem nicht ganz optimal sitzenden Paar Radschuhe unterwegs gewesen wäre. Deren Carbonsohlen waren so konstruiert, dass sie an den Seiten hochgezogen waren und den Fuß wie ein Eisschnelllaufschuh umschlossen. Auf meiner Suche nach dem letzten Prozent Optimierung war ich auf dieses Modell gestoßen, denn es versprach die perfekte Kraftübertragung aufs Pedal. Genau dieses Material drückte nun auf einen winzigen Knochenvorsprung, einem leichten Überbein. Satte 2000 Kilometer waren es allein während des dreiwöchigen Trainingscamps im März gewesen. Das gab dem geschwächten Knochen den Rest. Es mag für manchen esoterisch klingen, aber nachdem ich meine Ernährung umgestellt hatte, verschwanden auch die Schmerzen. Ich konnte das Training wieder aufnehmen, aber dafür kamen Zweifel auf. Knappe drei Monate lang war ich nicht gelaufen. Drei Monate hatte ich in der Disziplin pausieren müssen, die mich in Texas und auf Hawaii in der Endabrechnung nach vorn katapultiert hatte. Bisher hatte ich immer auf meine Laufstärke vertrauen können. Jetzt war die letzte Disziplin eine unplanbare Black Box. Ich hatte keinen Schimmer, wo ich stand.

* * *

Das machte sich mental bemerkbar. Vergangenes Jahr hatte sich alles ganz leicht angefühlt. Ich war unbekannt gewesen, niemand hatte auf mich geachtet. Ich konnte unverkrampft in das Training und den Wettkampf gehen. Natürlich hatte ich auch mal einen Durchhänger, aber alles in allem hatte ich durchgängig Spaß gehabt an dem, was ich tat. Ich war dankbar gewesen, das ausleben zu dürfen, für das ich mich schon so lange berufen gefühlt hatte: die Langdistanz. Nun allerdings sah das ganz anders aus. Am Abend vor dem Ironman Frankfurt lag ich auf dem Bett in meinem Hotelzimmer und steigerte mich in meine Angst hinein: *Ich kann da morgen nicht hingehen. Ich kann das nicht. Ich starte nicht.* Nervosität, Zweifel und Negativität gewannen immer mehr die

Überhand. Ein Zustand, den ich in dieser Heftigkeit noch nie erlebt hatte. Noch in den Tagen davor hatte ich in Interviews und auf der Pressekonferenz vermeintlich selbstsicher von »Heimrennen«, »wichtig« und »um die Krone mitkämpfen« erzählt. Irgendwie hatte ich sogar geglaubt, was ich da sagte. Ich wollte mich auf das Rennen freuen. Ich wollte mein Bestes geben. Jetzt aber drohte ich mental komplett die Kontrolle zu verlieren.

***

Zum Glück fing mich mein Vater wieder ein, kurz bevor das tatsächlich passierte. Er machte mir klar, dass das Rennen zwar wichtig war, aber nichts, was mich als Person definierte. »Weißt du, du brauchst das nicht zu machen. Du kannst auch Bus fahren wie dein Opa. Und das wäre genauso in Ordnung«, sagte er. Es war genau das, was ich in diesem Moment hören musste. Kein Rennen, keine Platzierung definierte mich als Mensch. Es war immer nur eine Momentaufnahme – von einem guten oder einem schlechten Moment. Aber eben nur ein Moment. Das beruhigte mich etwas. Ich bekam es hin, einigermaßen gut zu schlafen und am Wettkampfmorgen konzentriert am Ufer des Langener Waldsees zu stehen, etwa 13 Kilometer außerhalb von Frankfurt am Main. Mit am Start: Vorjahressieger Sebastian Kienle, der letztjährige Zweitplatzierte Andreas Böcherer, Patrik Nilsson, James Cunnama … ein starkes Feld, immerhin stand die Ironman-Europameisterschaft an.

Meine Haare hatte ich so kurz geschoren, dass ich eigentlich keine Schwimmkappe gebraucht hätte. Race Cut. Es war heiß an diesem Tag. Schon morgens war das Wasser mit 24,1 Grad so warm, dass wir Profis keinen Neoprenanzug tragen durften, der Auftrieb gibt. Aber den brauchte ich in diesem Schwimmen ohnehin nicht. Mein hellblauer Speedsuit, ein dünnes Textil mit wasserabweisender Beschichtung, genügte. Meine Schwimmleistung war stark, und ich konnte mich in der Spitzengruppe behaupten. Als vierter Profi kam ich aus dem Wasser, nach 47:12 Minuten, meine bis dato beste Schwimmleistung in einem Ironman. Kaum spürte ich den Sand des Seeufers unter den nackten Füßen, riss ich mir Badekappe und Schwimmbrille vom Kopf, rollte meinen Speedsuit bis zur Hüfte hinunter und zog meinen Rennanzug, jetzt im dunkelblauen Erdinger-Alkoholfrei-Design, über die Schultern. In 2:33 Minuten war ich aus dem Wasser, durch die Wechselzone und im Sattel meines Bikes. »Ein sehr schneller Wechsel«, kommentierte später der Sprecher eines Rennvideos.

Auf dem Rad machten sich die Optimierungen im Windkanal bemerkbar: der neue Helm, die aerodynamische Sitzposition. Mein Plan lautete, mich auf dem Bike so gut zu positionieren, dass ich es beim Laufen aufgrund des Trainingsrückstands etwas lockerer angehen lassen konnte. Tatsächlich schien dieser Plan aufzugehen. Ich schob mich nach vorn auf Platz drei, an der Spitze fuhr Andreas Böcherer, dahinter Lukasz Wojt, der schnellste Schwimmer. Sollte das Rennen für mich vielleicht doch besser laufen als gedacht? Besser als das für die Hawaii-Quali notwendige Finish irgendwo im Profifeld? Von hinten kam Titelverteidiger Sebastian Kienle heran, der drei Minuten nach mir und Andi dem Langener Waldsee entstiegen war. Er setzte, wie es sein Stil war, zur Aufholjagd an. Zu schnell für mich, lediglich Böcherer konnte folgen. Egal, ich lag noch immer sehr gut im Rennen. Nach 4:11:31 Stunden und 177 Radkilometern (die Strecke war leicht verkürzt worden) blieb die Uhr in der zweiten Disziplin für mich stehen, damit war ich rund neun Minuten langsamer als Kienle. Und das bei einem Schnitt von gut 42 Stundenkilometern. Noch immer Platz 3.

Ich streifte mir meine Laufkappe über den Kopf, setzte meine Sonnenbrille auf und rannte auf den Marathonkurs. Im Gegensatz zu Schwimm- und Radstrecke, die beide außerhalb von Frankfurt liegen, führt der Marathon in vier Runden am Flussufer entlang, direkt durchs Herz der Mainmetropole. Dort war die Hölle los. Menschen standen dicht an dicht, einige Freunde aus meinem Darmstädter Verein trugen T-Shirts mit der Aufschrift »Forza Patrick«, der Schriftzug prangte auch an einer riesigen Wand an der Laufstrecke. Ich war bis in die Haarspitzen motiviert, das Maximum aus dem zu machen, was ich läuferisch gerade in den Beinen hatte. Versuchte, mich aufs Laufen zu konzentrieren und nicht daran zu denken, wie großartig ein Podiumsplatz wäre, vor heimischem Publikum.

Die Unterstützung, das Anfeuern vom Streckenrand kann helfen, Reserven zu mobilisieren.

Aber es sollte an diesem Tag noch nicht sein. Eine Weile lief ich mit James Cunnama Seite an Seite auf Platz drei. Dann bekam ich von einem Wettkampfrichter eine einminütige Zeitstrafe. Ein Betreuer sei neben mir hergerannt, sagte er. Der Betreuer hatte mir nichts gereicht, mich auch nicht anderweitig unterstützt. Aber Laufbegleitung, die ist verboten. Faris hätte schwören können, »nur ein oder zwei Schritte« neben mir gelaufen zu sein, um mich anzufeuern. Die Aufnahmen aus dem TV-Hubschrauber belegen aber deutlich etwas anderes, nämlich dass er im Vollsprint etwa 30 Meter neben mir herspurtete. Er hatte im Eifer des Gefechts und wohlwissend, dass mir genau da, wo er stand, langsam die Kraft ausging, die Nerven verloren. Also hieß es warten. Eine schier unendliche Minute, während der mein Körper dachte, er hätte gerade die Ziellinie auf dem Frankfurter Marktplatz überquert. Ich fuhr herunter. Als ich endlich wieder loslaufen durfte, war mir schnell klar: Ab jetzt wird es ein Kampf. Sogar eine Gehpause musste ich nach einigen Kilometern einlegen, das war mir noch in keinem Triathlon passiert. Die scheinbar unerschöpfliche Energie, die Leichtigkeit, die ich in meinen ersten beiden Ironman-Rennen beim Laufen gespürt hatte, blieb mir an diesem Tag verwehrt. »Er hat nur leichte Hitzeprobleme«, erklärte mein damaliger Manager den

Medienvertretern, die nachfragten, was da los sei. Das war nicht ganz falsch. Richtig war aber schlicht, dass ich im Laufen noch nicht wieder dort war, wo ich hätte sein müssen, um in diesem starken Feld auf dem Podium zu landen. Ich beendete das Rennen als Sechster. Nicht schlecht dafür, dass ich noch zwei Monate zuvor keinen Schritt hatte laufen können, dass ich mein Lauftraining erst vor drei Wochen wieder aufgenommen hatte. Gut genug auch, um mit dem Finish meinen Startplatz auf Hawaii zu bestätigen. Aber zu wenig, um zufrieden zu sein. Auch wenn es ursprünglich nur darum gegangen war, zu finishen. Auf den Zielbildern gibt es diesmal kein Jubeln, kein Abklatschen, kein euphorisches Lachen, das übernahm diesmal der hinter Kienle Zweitplatzierte Andi Böcherer. Ich konnte nur müde winken, presste enttäuscht die Lippen zusammen und ließ mich direkt hinter dem Zielbogen körperlich und geistig völlig entkräftet zusammensacken.

* * *

Es war mir klar gewesen, dass es nicht immer so überragend laufen würde wie bei meinen ersten beiden Langdistanzen. Mir war auch klar, dass eine Finisherzeit von 7:52:06 Stunden alles andere als schlecht war. Der Ironman Frankfurt von 2016 war erst meine dritte Langdistanz, ich war erst 31 Jahre alt. Vor einigen Wochen hatten wir uns noch nach Alternativen umgeschaut, weil wir nicht wussten, ob ich in Frankfurt überhaupt würde antreten können. Das, was ich hier erlebt hatte, war kein Versagen, keine Katastrophe, ich hatte schlicht Lehrgeld bezahlt und war mit einem blauen Auge davongekommen. In diesem Moment fühlte es sich allerdings nicht so an. In diesem Moment wollte ich einfach nur liegen bleiben und enttäuscht sein.

Homerun auf Hawaii

Im Nachhinein bin ich vielleicht sogar ein bisschen froh um diesen sechsten Platz in Frankfurt. Er nahm mir den Druck, auf Hawaii irgendwelche Erwartungen erfüllen zu müssen, die vermutlich niemand außer mir selbst gehabt hatte. Durch diesen Dämpfer verschwand ich vom Radar und gewann ein wenig Lockerheit zurück. Man musste es auch so sehen: Ich war in die Top Ten gekommen. Frankfurt hatte gezeigt, dass ich wieder auf Kurs war. Auf Kurs für Kona. Das bestätigte mir mein Sieg beim Ironman 70.3 auf Rügen im September, mein erster Sieg über die Mitteldistanz überhaupt, und ein souveräner dazu. Kurz danach ging es wieder zusammen mit Boris zu Maureen, Greg und ihrem Sohn Matthew nach The Woodlands. Es tat mir gut, dort zu sein. Einige wenige Leute um mich zu haben, mit denen ich mich wohlfühlte, gute Gespräche zu führen, den Fokus auf Training und Regeneration legen zu können. Ich machte mich mit einem ruhigen und vor allem selbstbewussten Gefühl auf nach Big Island.

* * *

Angekommen in Kona war es ein bisschen wie nach Hause kommen. Viele Orte in und um Kona waren für mich dank der Erfahrungen 2016 mit extrem schönen Erinnerungen verknüpft. Das Café, in das wir nach dem Radfahren oft eingekehrt waren, der Supermarkt, in dem wir fürs Barbecue eingekauft hatten, und natürlich all die Stellen, an denen später der Laufkurs durch den Ort führen würde. Neu war das Medieninteresse. Ich gab deutlich mehr Interviews. Und ich genoss es. Faris war diesmal mitgekommen und übernahm die Koordination, sodass ich genügend Pausen hatte und alles geregelt ablief. Ich empfand das Interesse nicht als störend. Im Gegenteil: Ich wertete es als Zeichen dafür, in der Profiszene angekommen zu sein. Es kitzelte meinen Ehrgeiz.

Faris und ich waren mit dem Vorhaben angereist, alles zu geben und zu schauen, was passiert. Es war immerhin erst meine zweite Ironman-WM. Nun, vor Ort, festigte sich immer mehr der Wunsch, als Minimalziel in die Top Ten zu kommen. Die besten zehn Profimänner dürfen nämlich am Tag nach dem Rennen bei der Siegerehrung auf die Bühne und bekommen eine der legendären Holzschalen. Das noch mal zu schaffen wäre schon toll. Ich wollte einen schnellen Lauf zeigen. Zeigen, dass meine Leistung letztes Jahr kein »Premierenglück« war und nur möglich, weil mich niemand auf dem Schirm hatte. Faris unterstützte mein Vorhaben, auch wenn er darauf achtete, keinen Druck aufzubauen. »Wir haben noch ein paar Jahre Zeit. Kein Stress«, wiegelte er ab.

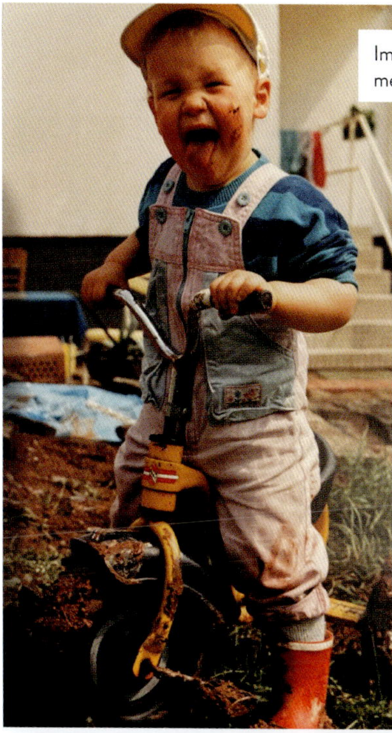

Im Alter von 1,5 Jahren bei meiner Lieblingsbeschäftigung!

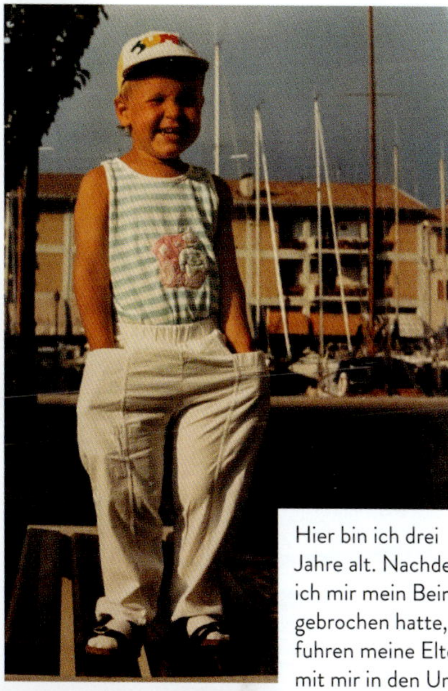

Hier bin ich drei Jahre alt. Nachdem ich mir mein Bein gebrochen hatte, fuhren meine Eltern mit mir in den Urlaub nach Jugoslawien, damit ich mich erholen konnte.

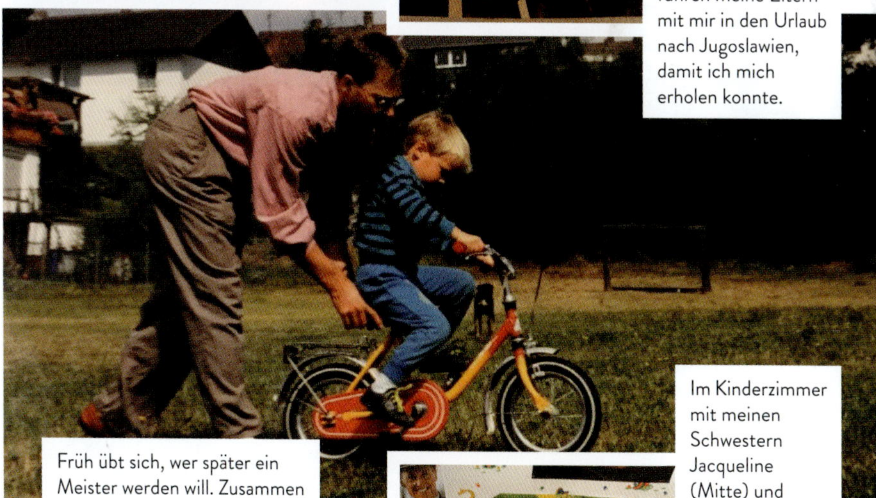

Früh übt sich, wer später ein Meister werden will. Zusammen mit meinem Vater bei meiner allerersten »Radeinheit« ohne Stützräder im Sommer 1989.

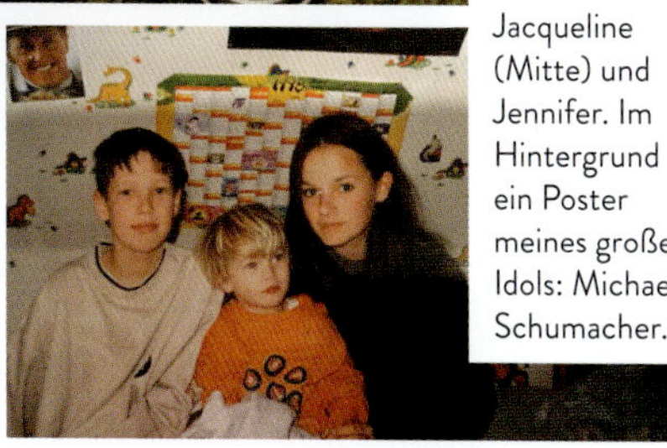

Im Kinderzimmer mit meinen Schwestern Jacqueline (Mitte) und Jennifer. Im Hintergrund ein Poster meines großen Idols: Michael Schumacher.

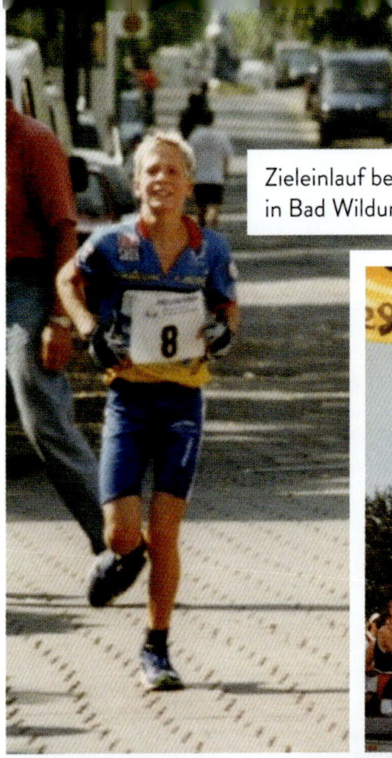

Zieleinlauf beim Bikeathlon in Bad Wildungen (1998).

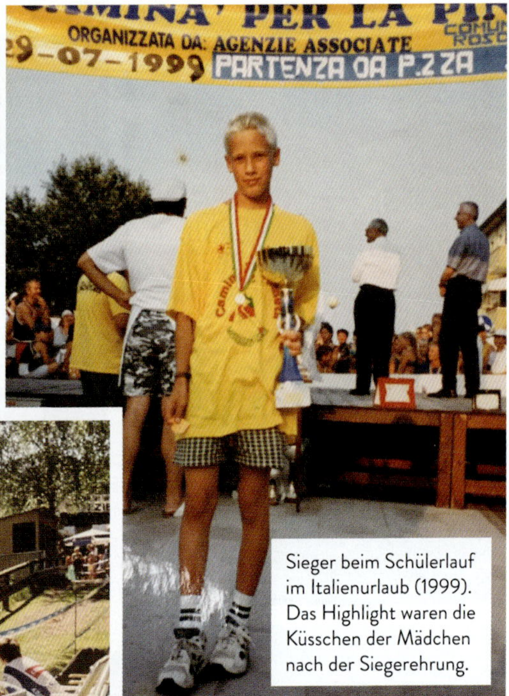

Sieger beim Schülerlauf im Italienurlaub (1999). Das Highlight waren die Küsschen der Mädchen nach der Siegerehrung.

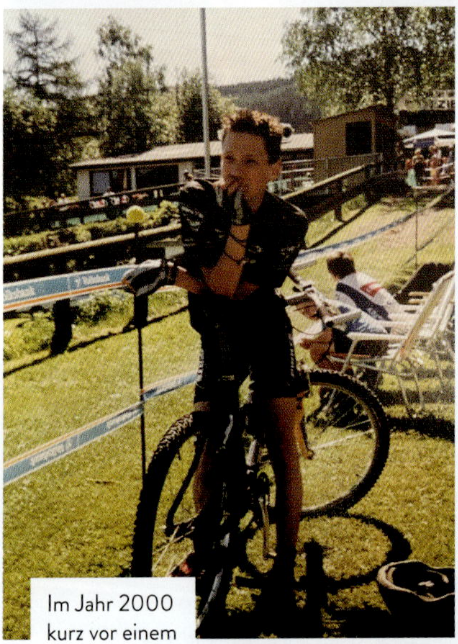

Im Jahr 2000 kurz vor einem MTB-Rennen in Medebach.

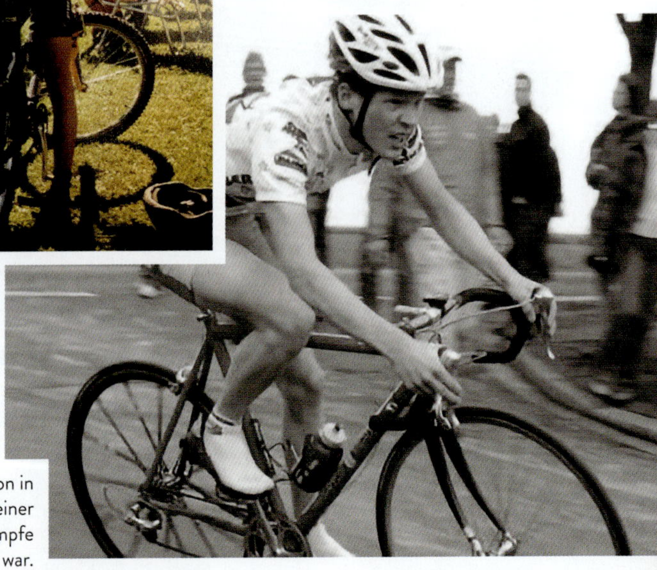

Beim Duathlon in Großenenglis, der einer meiner ersten Wettkämpfe im Multisport war.

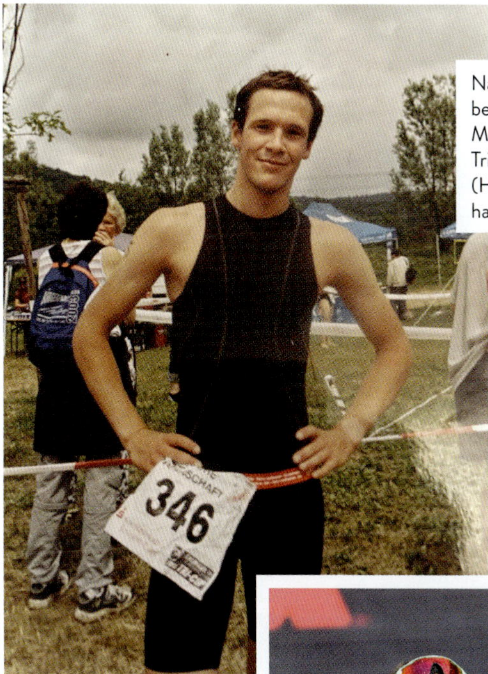

Nach dem Zieleinlauf bei den hessischen Meisterschaften im Triathlon 2005 in Borken (Hessen). Ich gewann und hatte sogar noch Haare.

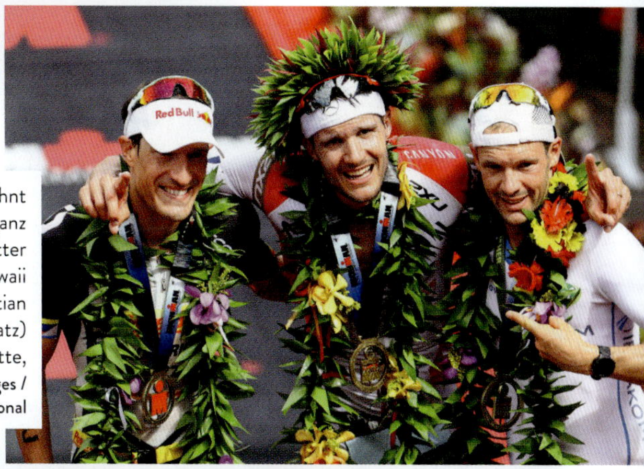

Gut ein Jahrzehnt später der erste ganz große Erfolg! Dritter beim Ironman Hawaii 2016 hinter Sebastian Kienle (links, 2. Platz) und Jan Frodeno (Mitte, 1. Platz). © imago images / Panoramic International

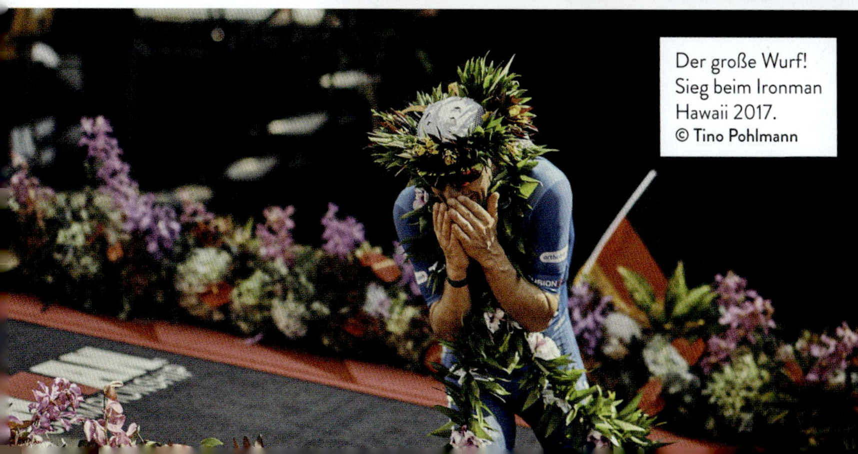

Der große Wurf! Sieg beim Ironman Hawaii 2017. © Tino Pohlmann

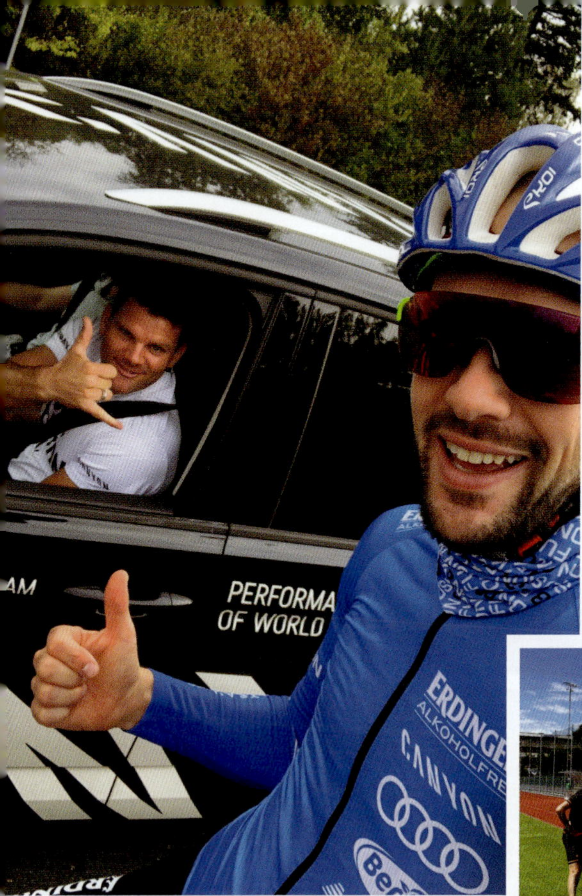

Selfie mit meinem langjährigen Mechaniker Stefan Keul (auf Rügen 2017). Ich vermisse meinen guten Freund, der im April 2019 bei einem Unfall starb.

Beim Training mit meinem Laufcoach Wolfgang Schweim.

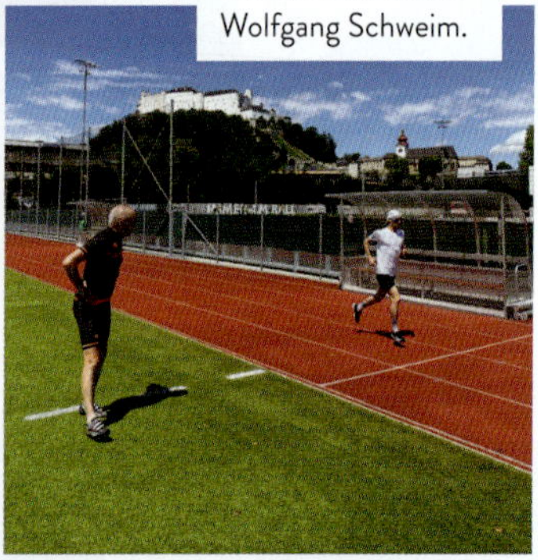

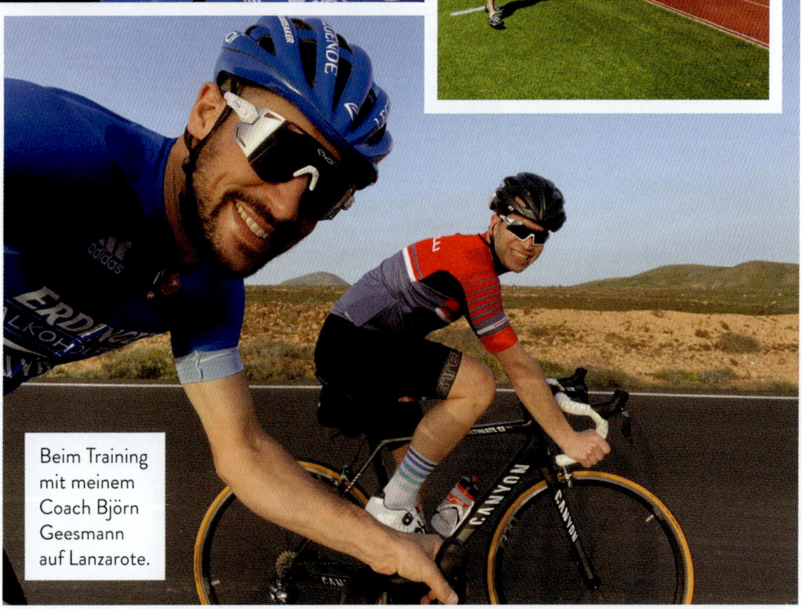

Beim Training mit meinem Coach Björn Geesmann auf Lanzarote.

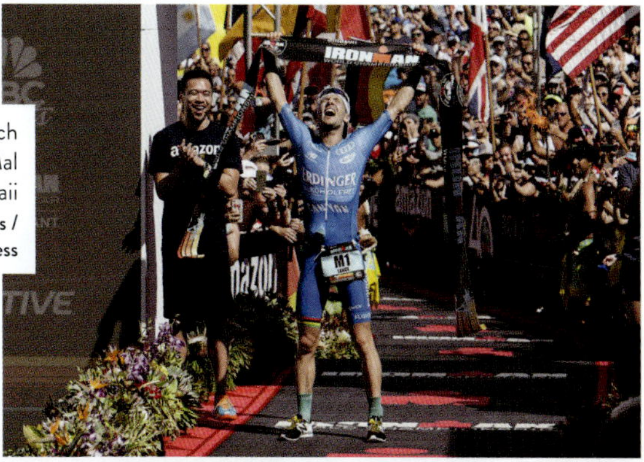

Der zweite große Wurf! Ich gewinne zum zweiten Mal den Ironman auf Hawaii (2018). © imago images / ZUMA Press

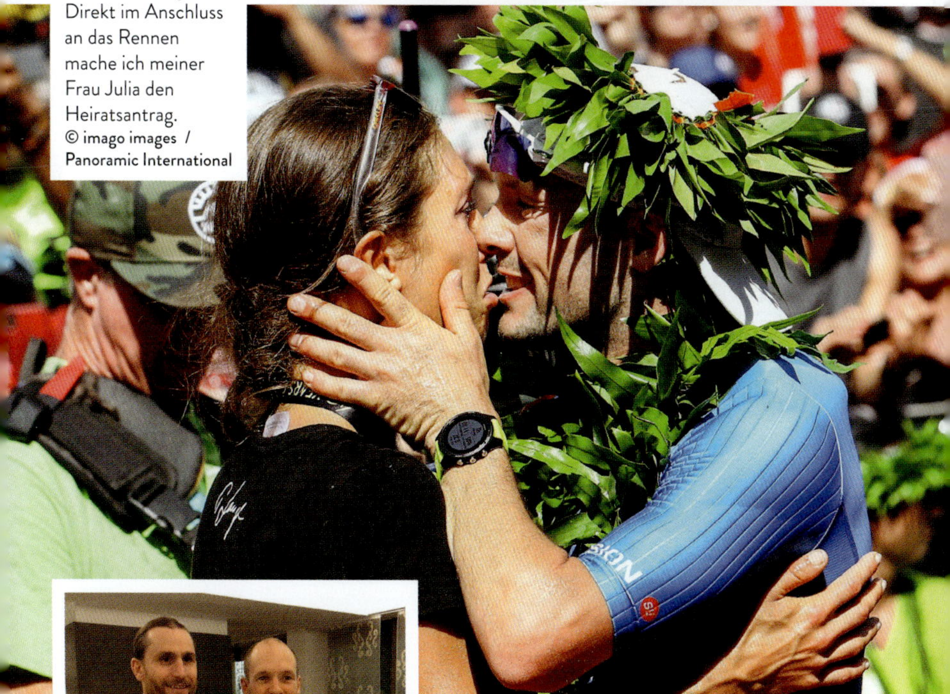

Was für ein Tag! Direkt im Anschluss an das Rennen mache ich meiner Frau Julia den Heiratsantrag. © imago images / Panoramic International

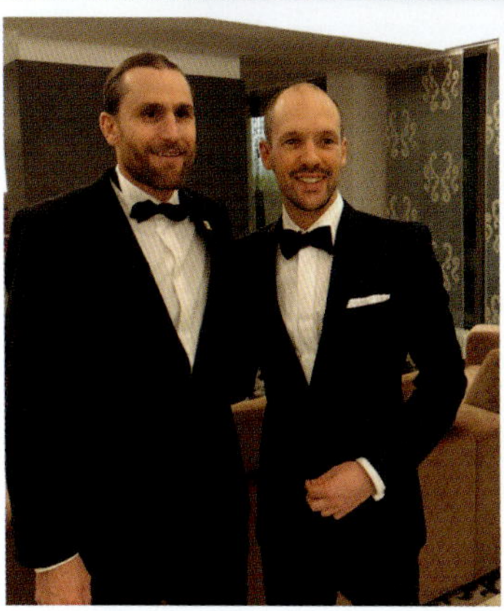

2018 wurde ich zu Deutschlands Sportler des Jahres gewählt. Bei der Preisverleihung war auch mein damaliger Coach Faris al-Sultan dabei, dem ich viel verdanke.

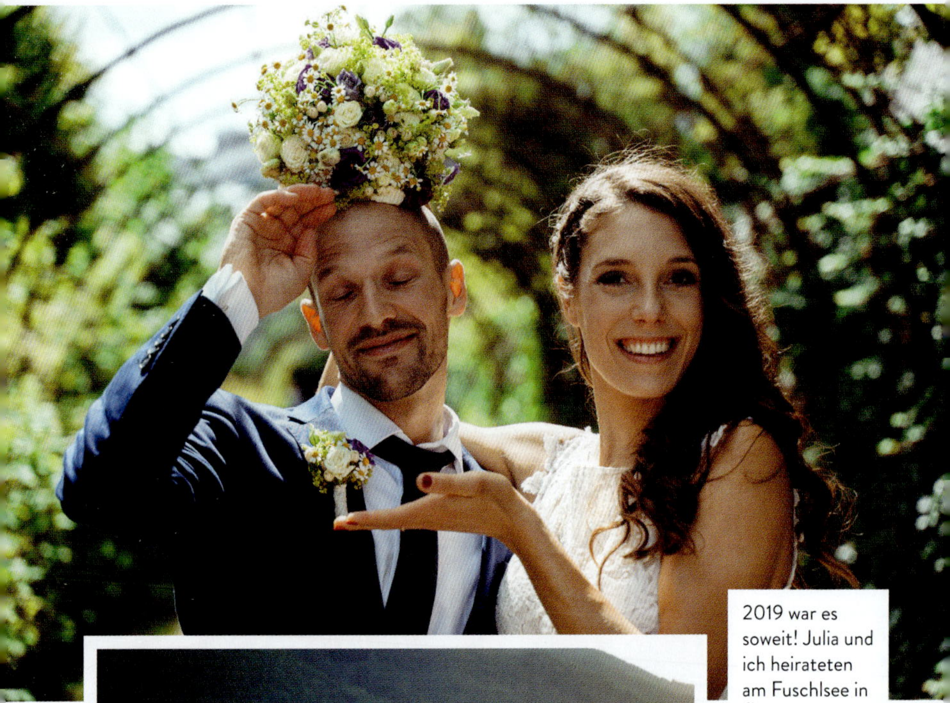

2019 war es soweit! Julia und ich heirateten am Fuschlsee in Österreich. © **Björn Hunger**

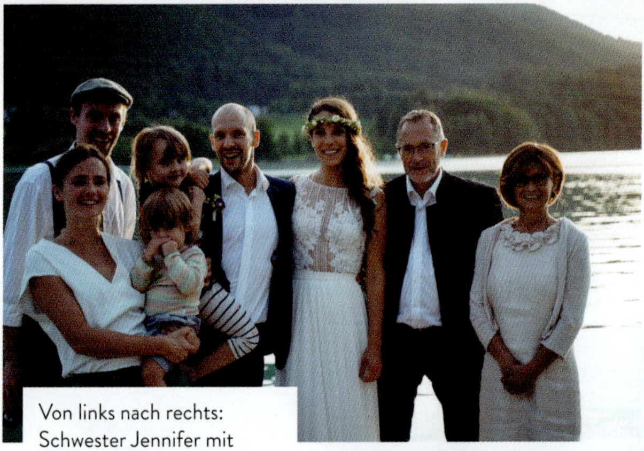

Von links nach rechts: Schwester Jennifer mit Janosch auf dem Arm, Schwager Korbinian, ich mit meiner Nichte Lucie auf dem Arm, Julia, mein Vater Wolfgang und meine Mutter Carmen. © **Björn Hunger**

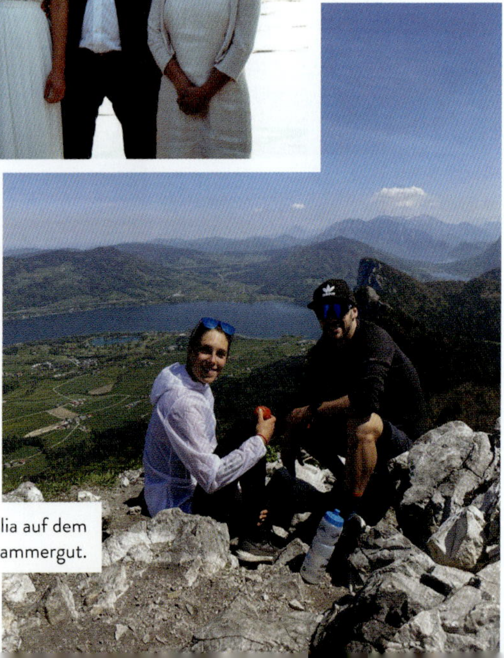

Zusammen mit Julia auf dem Schober im Salzkammergut.

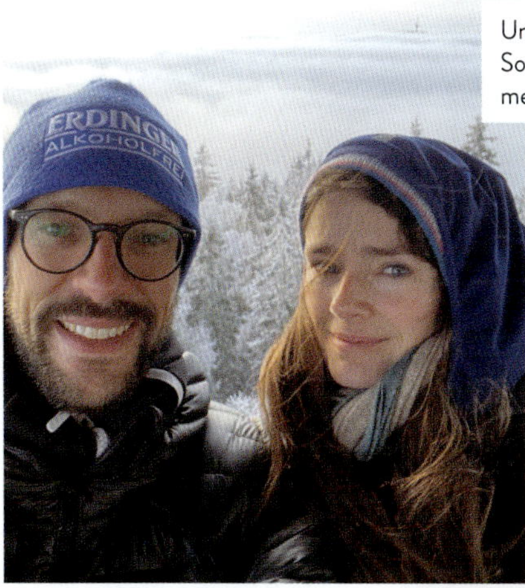

Unsere Fahrt zur Sonne! 2020 mit meiner Schwester Jenni.

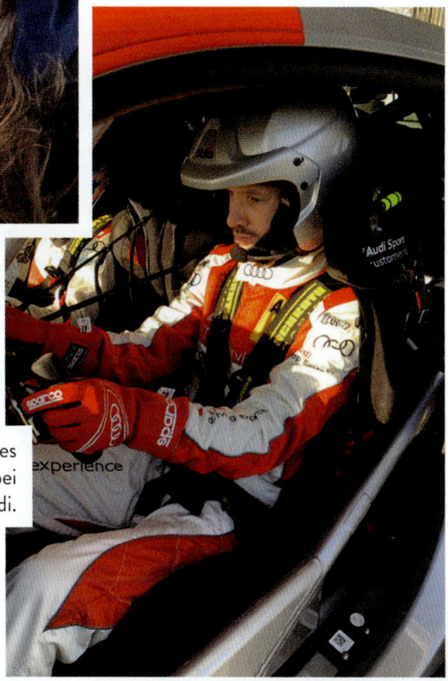

Hin und wieder braucht es Abwechslung! Zum Beispiel bei einem Fahrtraining mit Audi.

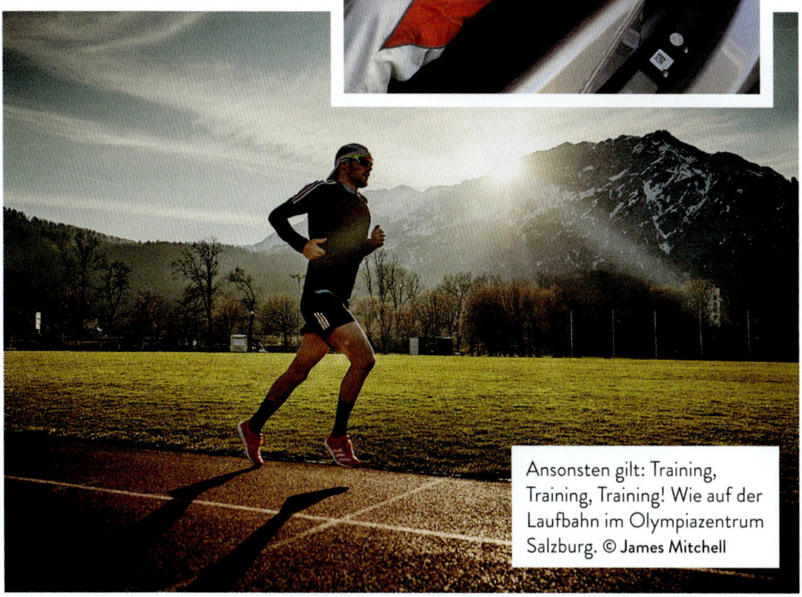

Ansonsten gilt: Training, Training, Training! Wie auf der Laufbahn im Olympiazentrum Salzburg. © **James Mitchell**

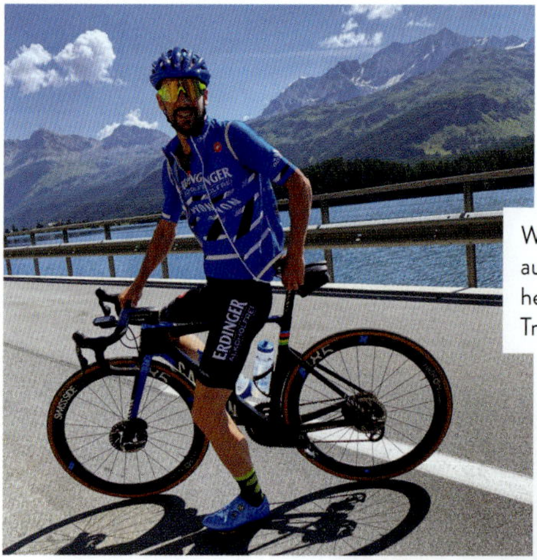

Wieder Training. Diesmal auf dem Rad vor herrlichem Panorama im Trainingslager in St. Moritz.

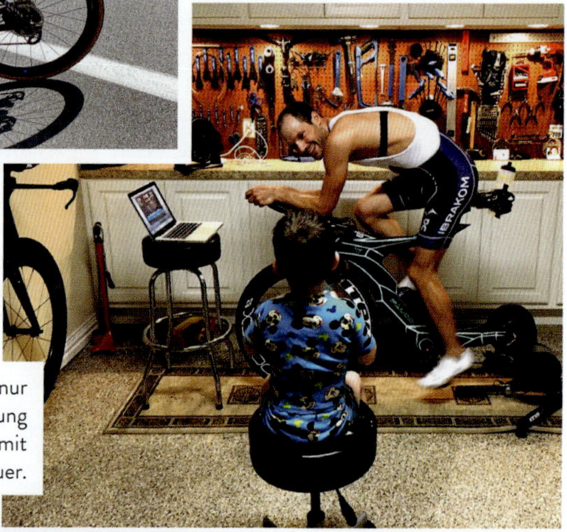

Zwar auch auf dem Rad, nur eben im Keller in Vorbereitung auf den Ironman Texas mit Matthew Gibbons als Zuschauer.

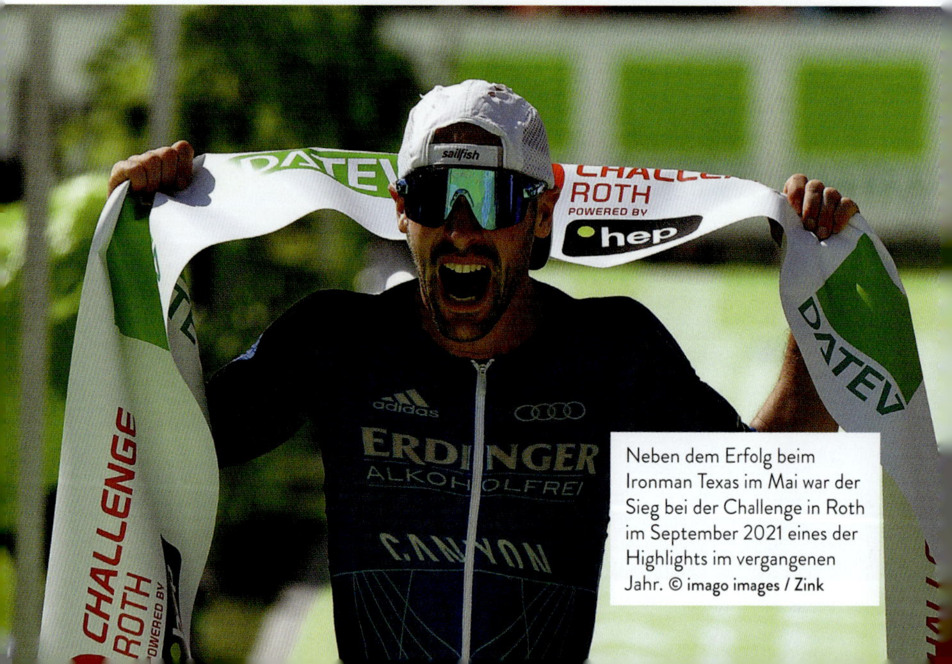

Neben dem Erfolg beim Ironman Texas im Mai war der Sieg bei der Challenge in Roth im September 2021 eines der Highlights im vergangenen Jahr. © **imago images / Zink**

Den machte ich mir tatsächlich nicht. Zumindest bis zum Vorabend der Weltmeisterschaft. Denn da kam sie wieder, die Panik, die schon in Frankfurt in mir hochgesprudelt war.

Sie traf mich unvorbereitet und mit voller Wucht. Wieder war ich überzeugt davon, nicht an den Start gehen zu können. Es nicht zu schaffen. Alles fühlte sich zu schwer, zu viel an. Wie sollte ich mir acht Stunden oder mehr einreden, dass ich Triathlon konnte? Dass ich zu Recht hier war, mit den Besten der Welt? Wieder war es mein Vater, der mich auf den Boden zurückholte. Mit einer Ansprache, die sich am besten zusammenfassen lässt mit: »Genieß doch einfach, was du da machst. Und wenn du es nicht tust: Lass es.« Wieder gelang es ihm, meine negative Gedankenspirale zu durchbrechen. Mehr noch: Es gelang ihm mit viel Geduld und gutem Zureden, dass ich mich auf den Wettkampf freute. Der dritte Platz vergangenes Jahr war die Überraschung des Jahrtausends gewesen, nicht nur für mich. Jetzt galt es, Erfahrungen zu sammeln. Mit der Insel, mit den Bedingungen, mit dem Rennen. Wie jeder andere Athlet auch. Warum sollte Hawaii für mich eine Ausnahme machen? Ich ging mit einer gesunden Anspannung an den Start. Es war das gleiche Rennen, das gleiche Setting wie vor einem Jahr, und doch kam es mir vor, als erlebte ich alles zum ersten Mal. Das Anbringen der Startnummern (diesmal war es die Nummer 5), das Einschwimmen im Pazifik, der Tag, der langsam erwachte – alles schien auf Big Island intensiver zu sein. Ganz deutlich spürte ich: Ich war genau richtig hier. An diesem Ort. In diesem Moment.

* * *

Als mit dem Kanonenschlag das Rennen der Profimänner startete, war ich sofort fokussiert. Arm, Arm, atmen, Arm, Arm, atmen. Nur nicht die Füße des Vordermannes verlieren. Es lief wie automatisiert, ich hatte schnell meinen Rhythmus gefunden und schaffte es, mich in der ersten Gruppe zu halten. An der Wendeboje schaute ich kurz hoch und sah das Führungspaddelboot nur knapp vor mir. Es lief! Nur rund eineinhalb Minuten hinter dem schnellsten Schwimmer, Josh Amberger, kletterte ich aus dem Pazifik. Im gleichen Pulk wie Jan Frodeno. Ein geschmeidiger Start. Auf dem Bike änderte sich die Situation aber rasant. Es waren viele extrem gute Radfahrer im Feld, die das Rennen unglaublich schnell machten. Nach 120 Kilometern hatte ich meinen Tiefpunkt. Vorn legten Sebastian Kienle, Lionel Sanders und Cameron Wurf ein Höllentempo vor, die alle drei (!) den Radsplit mit neuem Streckenrekord absolvierten. Ich fuhr mit schweren Beinen und knapp sechs Minuten Rückstand auf die Spitze durch Kawaihae, einen der wenigen Punkte auf der Radstrecke, an denen man als Athlet seine Betreuer sehen kann, und überlegte für einen kurzen Augenblick, ob ich nicht einfach aufhören sollte.

Es war sehr windig an diesem Tag, so windig, dass ich es nicht einmal wagte, die Hand vom Lenker zu nehmen und den Strohhalm meiner Lenkertrinkflasche nach unten zu drücken. Ich war längere Zeit auf mich allein gestellt und hatte keine Gruppe, in der die Bedingungen etwas angenehmer gewesen wären. Diejenigen Mitstreiter, die ich ein- und überholte, waren indes nicht bereit, sich an der Arbeit zu beteiligen, und ließen mich als letztjährigen Podiumsplatzierten vorn im Wind schuften in der Hoffnung, dass ich mich damit meiner Laufstärke berauben würde. Aber, das hatte mich 2016 gelehrt, man muss weitermachen. Immer weiterkämpfen. Das tat ich. Ich begann, mir immer den nächsten Fahrer vor mir zum Ziel zu nehmen und sammelte nach und nach einige vor mir fahrende Athleten ein. »Okay, jetzt ist es windig, das ist in Ordnung. Ich gehöre hier hin, ich kann hier gut sein«, redete ich halb mit mir selbst, halb mit der Insel.

30 Kilometer vor dem zweiten Wechsel hatte ich mich in eine Gruppe vorgekämpft, in der mein Freund Boris Stein sowie Patrik Nilsson, David McNamee, Frederik van Lierde und noch ein paar andere Athleten fuhren. Das half, ich fühlte mich besser. So gut, dass ich nach vorn fuhr, Boris beim Vorbeifahren anspornte mitzuhelfen und ab dort die Gruppe anführte, um nicht unnötig Zeit zu verlieren. Zeit, die am Ende über Sieg oder Niederlage entscheiden sollte, was ich in diesem Moment aber noch nicht zu denken wagte. Als ich in der Wechselzone auf die Uhr schaute, stellte ich mit ein wenig Verwunderung

fest, dass ich gar nicht so katastrophal unterwegs war, wie es mir zwischenzeitig vorgekommen war. Im Gegenteil: Mit einem guten Marathon im Bereich von 2:40 Stunden würde ich sogar einen neuen Streckenrekord schaffen. Was mich ebenfalls zuversichtlich stimmte: Vergangenes Jahr war ich an Position 23 vom Rad gestiegen und auf Platz drei vorgelaufen. Diesmal hatte ich auf Platz 10 liegend gewechselt ...

* * *

Doch Stopp! Nicht voreilig werden. Ich verbot mir, über das Was-wäre-Wenn nachzudenken. Es gehört mehr dazu, gut auf Hawaii abzuschneiden als das rein Körperliche. Jetzt schon geistig ins Ziel abzudriften, mit über 40 Kilometern Marathon zwischen mir und dem Finisherbogen, wäre leichtsinnig. Ich lief los, entschlossen, fokussiert zu bleiben. Das war allerdings gar nicht so einfach. Mein Tempo war gut. Immer wieder hatte ich jedoch mit mir zu kämpfen, um es zu halten. Das kannte ich in dieser Ausprägung noch nicht. Um mich abzulenken, konzentrierte ich mich auf meine Lauftechnik – eine Strategie, an der mein Lauftechnik-Coach Wolfgang Schweim und ich lange gefeilt hatten. Wieder und wieder ging ich im Kopf die einzelnen Elemente unseres gemeinsam immer weiter verfeinerten Lauftechnikprogramms durch.

Es geht dabei darum, bei höchstmöglichem Tempo so ökonomisch und effizient wie möglich zu laufen.

Das funktionierte eine Weile gut, aber leider fehlten mir nach einigen Kilometern immer noch gut neun Minuten auf den Führenden und acht Minuten auf das Podium. Bereits nach ungefähr acht Kilometern bekam ich eine mittelschwere Krise. Wie kann es sein, dass mein Rückstand nur derart langsam abnimmt? Immer wieder erwischte ich mich bei dem Gedanken, ob ich nicht einfach aussteigen sollte. Im für mich entscheidenden Moment des Rennens sah ich jedoch am Straßenrand in einem kleinen Zuschauergrüppchen einen Mann im Trikot der Darmstädter Lilien stehen, der Fußballmannschaft meiner Heimatstadt, dem SV Darmstadt 98. Mitten im hawaiianischen Nirgendwo. Als ich an ihm vorbeilief, rief er: »Johnny ist bei dir.« Ein simpler Satz, den andere vielleicht gar nicht einordnen hätten können. Mir aber gab er den Push, noch einmal alles aus mir herauszuholen.

Jonathan Heimes war ein glühender Fan der Lilien gewesen. Als Johnny an Krebs erkrankte und der Verein mitbekam, wie tapfer er sich gegen seine Krankheit stemmte, entwickelte sich eine enge Freundschaft. Die ging so weit, dass Jonathan sogar ein maßgeblicher Anteil daran zugeschrieben wurde, dass der SV Darmstadt nicht abstieg, sondern die dritte Liga halten konnte und anschließend den Durchmarsch bis in die Fußball-

Bundesliga schaffte. Johnny war im letzten Jahr gestorben, doch dass er nun tatsächlich bei mir war, daran zweifelte ich in diesem Augenblick keinen Moment. Es war der Wendepunkt für mich in diesem Rennen. Der Zuruf wirkte wie eine Energie-Infusion. Ich schaute auf die Garmin an meinem Handgelenk. Die Kilometerzeiten waren doch völlig in Ordnung, was stellte ich mich so an? Von diesem Moment an fühlte ich mich, als würde ich angeschoben werden.

Im vergangenen Jahr hatte ich im letzten Drittel des Marathons viel Zeit gutgemacht. Warum sollte das dieses Mal nicht klappen? Ich konzentrierte mich, ging in einen mentalen Tunnel und lief. Holte Athleten ein. Stopfte an den Verpflegungsstationen alles in meinen Einteiler, was ich zu fassen bekam: Schwämme, Wasserflaschen, Cola ... Nur nicht einbrechen. Ich schob mich immer weiter nach vorn. Überholte irgendwann auch Sebastian Kienle, der bis zu diesem Zeitpunkt an Position zwei gelegen hatte. Position zwei! Es rollte! Jetzt bloß nicht den Fokus verlieren.

* * *

»Patrick, Junge, der stirbt. Hol ihn dir, hol ihn dir. Unter acht Stunden«, schallte es wenige Kilometer vor dem Ziel vom Streckenrand. Dort stand Jan Frodeno. Er hatte einen rabenschwarzen Tag erwischt, ihn plagten schlimme Rückenprobleme, weshalb er immer wieder Pausen einlegen musste. Nun feuerte er mich an. Wen Jan mit dem Sterbenden meinte, war Lionel Sanders. Der führte zu diesem Zeitpunkt das Rennen an und war sichtlich angeschlagen. Sein Laufstil war selbst für seine Verhältnisse unrund, er kämpfte, war dabei aber immer noch schnell. Ich heftete meinen Blick auf seinen Rücken. Da musste ich hin. Sieg? Streckenrekord? Nicht dran denken. Sanders einholen war alles, was gerade zählte. Ich saugte mich an ihn heran. Näher. Näher. Ich zog neben ihn … und war vorbei. Fünf Kilometer vor dem Ziel hatte ich die Führung übernommen. Bei der Ironman-Weltmeisterschaft! Jetzt nur nicht übermütig werden. Entschlossen hielt ich meinen Blick auf die Straße vor mir geheftet. Ich hatte weder Lionel beim Überholen ins Gesicht geblickt, noch schaute ich mich jetzt nach ihm um. Den gleichen Schmerz zu sehen, den ich gerade vehement versuchte zu unterdrücken, hätte mich aus meinem mentalen Tunnel werfen können. Nun aber rannte ich, als könne jederzeit jemand aus dem Gebüsch springen und mir den Sieg nehmen.

»So sieht kein Athlet aus, der am Limit ist. So sieht ein Athlet aus, der innerhalb seiner Möglichkeiten pusht«, kommentierte der Moderator in der Live-Übertragung. Und er hatte recht. Ich wusste, dass Lionel stehend k.o. war, wollte mich aber nicht darauf verlassen. Ich nahm noch mal einen Schluck aus der Colaflasche, die ich an der Verpflegungsstation in meinen Anzug gesteckt hatte. Nur nicht schludern. Ich wäre nicht der erste Athlet gewesen, der in Kona kurz vor dem Finish noch zusammenbricht. Aber ich brach nicht zusammen. Ich wurde sogar noch schneller. Über mir kreiste der Kamera-Helikopter, neben mir brummte ein Streckenmotorrad. Jemand brüllte: »Er ist außer Sichtweite!« Lionel war abgeschlagen. 5:46 Minuten lief ich auf die Meile, das entspricht 3:42 Minuten pro Kilometer, während Lionel sechs Minuten 34 Sekunden dafür brauchte. In Kailua-Kona angekommen, bog die Strecke nun in die Hualalei Street ab. Dort geht es noch einmal leicht bergab, dann biegt sie mit der letzten Kurve des Rennens rechts in den Alii Drive ein.

Es waren nur noch wenige Hundert Meter. Jetzt erlaubte ich mir zu lachen. Ich warf die kühlenden Schwämme aus meinem Einteiler, zog den Reißverschluss zu und genoss die letzten Meter. Ich war komplett klar, nahm alles messerscharf wahr, was um mich herum passierte. Es war ein Fest, ich wurde getragen von den Zuschauern, die schrien, klatschten, jubelten. Als ich dann die Rampe zum Zielbogen hochlief und das Banner nach oben riss, spürte ich ein so heftiges Gefühl der Befreiung, der Erlösung, dass ich mich auf den Boden setzen musste, nachdem ich den Siegeskranz auf den Kopf gesetzt bekommen hatte. Ich hatte es tatsächlich geschafft, der Haku Lei des Ironman Hawaii! Als die Dame im Zielbereich damit auf mich zuging, wusste ich kurz nicht, was ich tun sollte. Ich entschied mich für hinknien, wie bei einer Krönung. Zumindest für einen Moment hielt ich nochmals inne. Dann aber brach alles an Emotionen aus mir heraus, was ich das gesamte Rennen über unterdrückt hatte. Mein Vater formulierte es später treffend so: »Wir saßen erst mal beide da und haben geheult.«

* * *

Als ich mich etwas beruhigt hatte, der gröbste Emotionsstau herausgeweint war, stand ich auf und begann zu tanzen. Ich verlor den Kranz, setzte ihn wieder auf. Tanzte. Einen etwas steifen Tanz. Aber einen, der aus vollem Herzen kam. Mit meinem Vater. Wir feierten die Erfüllung eines Traums, an den neben uns beiden nur maximal eine Handvoll Menschen geglaubt hatte und der nun Wirklichkeit geworden war. Ich war Ironman-Weltmeister. In neuer Rekordzeit. Tatsächlich hatte ich den Streckenrekord von 8:03:56 Stunden, den Craig Alexander 2011 aufgestellt hatte, auf 8:01:40 Stunden heruntergeschraubt. Es war mehr und überwältigender, als ich es zu träumen gewagt hatte. Das Bild vom Zieleinlauf ist bis heute mein Handy-Sperrbildschirm. Und wer genau hinschaut, der sieht, dass ich darauf keine Uhr mehr trage. Die hatte ich auf der Zielgeraden in meinen Einteiler gesteckt. Der Grund: Ich war schon immer Garmin-Fan gewesen und hatte deren Sportcomputer benutzt. 2016 hatte ich nach meinem dritten Platz ein Sponsoring angefragt, wurde aber mit einem Radtacho und einer Sportuhr abgespeist. Das hatte ich zwar angenommen, war aber ziemlich enttäuscht darüber. Als ich nun zum Sieg lief, sollte die Uhr nicht auf dem Bild sein. Ein bisschen überzogen vielleicht, aber heute bin ich bei Garmin unter Vertrag, und wir lachen alle herzlich darüber.

* * *

Als der Sprecher im Ziel verkündete: »You are an Ironman World Champion. You did it!«, brachen zu Hause in Bad Wildungen alle Dämme. Meine Mutter und meine Schwestern hatten das Rennen im Fernsehen verfolgt und mich dermaßen laut ins Ziel gebrüllt, dass das Baby meiner Schwester Jenni aufwachte und man das Jubelgeschrei bestimmt bis in den letzten Winkel des Ortes hatte hören können. Nonstop trafen Glückwunschnachrichten über mein Smartphone ein, per E-Mail, per WhatsApp, per SMS ... meine Mailbox lief über. Vom diesjährigen Barbecue, das deutlich kleiner ausfiel als 2016, bekam ich kaum etwas mit, weil ich ständig am Telefon war, um Interviews zu geben. Es war ein unglaubliches Gefühl. Ich war Hawaiisieger, gehörte zu einem kleinen exklusiven Zirkel, dem das vergönnt war. Ich war da, wo ich hatte sein wollen, seit Martin mir von der Magie der Insel erzählt hatte.

* * *

Nachdem ich vier Tage nach dem Wettkampf am Flughafen Frankfurt landete, stand da eine große Menschentraube mit Luftballons und Plakaten, die auf mich wartete. Da waren Fernsehkameras, Mikrofone und meine

Mutter, die ein T-Shirt mit der Aufschrift trug: »My son is the winner – Ironman 2017«. Alle waren nur wegen mir hier. Mitten unter der Woche, zu einer Zeit, zu der die Leute eigentlich auf der Arbeit sind. Es war auf einmal interessant, was ich sagte und machte. Sobald ich aus der Gepäckhalle trat, feuerten die Fotoapparate ein Blitzlichtgewitter ab, ein ganzer Strauß Mikrofone wurde mir unter die Nase gehalten und nahm alles auf, was ich sagte. Sogar zu einem Maßschneider nach Essen begleitete mich wenig später ein Kamerateam und dokumentierte, wie ich mich für einen Anzug vermessen ließ, weil ich nun auf einige richtig schicke Veranstaltungen eingeladen war und, so erklärte ich etwas verlegen, »wegen meiner Statur vor allem Probleme habe, Hosen zu finden, die nicht zu weit sind«. Es war jetzt berichtenswert, wenn ich auf Shoppingtour ging.

* * *

Eigentlich hatten meine Freundin und ich nach der Rückkehr von Hawaii ein paar ruhige Tage bei meinem Freund Fredrik Ljungström in Schweden verbringen wollen. Wir flogen da auch hin, doch ich hing mehr oder weniger permanent am Handy. Es war einfach zu interessant, was sich da um meine Person abspielte. Ich wollte alles mitbekommen. Ich wurde zum Sportpresseball eingeladen, zu Markus Lanz und ins Sportstudio, wo mich der Moderator mit »Applaus für den König der Triathleten« ankündigte. Es war überwältigend. Faris unterstützte meine Medientour, er meinte: »Man muss den Eimer rausstellen, solange es regnet. Aufs Training konzentrieren wir uns im Januar wieder.«

Auch im Profisport gibt es Phasen mit anderen Prioritäten.

Im Dezember setzen wir uns zusammen, um die Saison 2018 zu planen. Wir wollten diesmal einen Kraftschwerpunkt setzen. Zum einen, weil wir wissen wollten, ob mehr Masse mehr Ressourcen für die langen Strecken bei mir bedeutet. Zum anderen, weil mehr Muskelkraft mehr Power vor allem auf dem Bike verleiht und ich zudem in den Jahren zuvor unter der Saison mit Leichtigkeit unter 60 Kilogramm Körpergewicht abgerutscht war, sodass mir merklich der Punch auf dem Rad abging. Mit einer besseren Radleistung sollte ich im Wettkampf schon zu einem früheren Zeitpunkt näher an die Spitze vorrücken, so Faris' Plan. Deshalb arbeitete ich mit einem spezifischen Krafttrainer, mit dem ich dreimal die Woche Gewichte stemmte, für einen Ausdauersportler sogar richtig dicke Gewichte. Dadurch gewann ich ordentlich an Substanz, legte mehrere Kilo Muskelmasse zu. Zum Ende des Winters brachte ich stolze 67,5 Kilogramm auf die Waage, bei gleichem Körperfettanteil. Auch die Radumfänge erhöhten wir.

Los ging es mit eineinhalb Wochen Mallorca im Dezember. Das hatte sich eingebürgert, und ich mache das auch heute noch mit Vorliebe. Hauptsächlich, weil ich es schön finde, vor Weihnachten zehn bis 14 umfangreiche Trainingstage zu absolvieren, um dann die Feiertage entspannt mit der Familie verbringen und es ruhiger angehen lassen zu können. Anfang 2018 folgten zweimal zwei Wochen Teamcamp mit meinem Erdinger-Alkoholfrei-Team, im März noch mal ein Drei-Wochen-Radblock. Da ich außerdem das Gefühl hatte, dass ich in Aeroposition nicht die gleiche Kraft aufs Pedal bringen konnte wie auf dem Rennrad, feilten wir weiter im Windkanal und auf der Bahn mit den Bikefittern von Gebio-Mized und HYCYS und den Aeroexperten von Swiss Side nochmals an meiner Sitzposition. Swiss Side hatte ausgerechnet, dass ich rein rechnerisch in Kona 2017 unter acht Stunden hätte bleiben können, wenn wir das vorhandene Potenzial voll ausgeschöpft hätten. Das wurde zur Mission für Hawaii 2018: als erster Athlet überhaupt die magische Sub-8 auf Big Island zu schaffen. Es war ein tolles Gefühl, Teil einer solchen Entwicklung zu sein – und ein noch besseres zu wissen, dass ich am Start stehen und für den damaligen Stand alles ausgereizt haben würde.

Die Zielscheibe auf dem Rücken

Unterschätzt hatte ich allerdings den Einfluss des nach wie vor hohen Medien- und Öffentlichkeitsinteresses. Genauer: dessen Vereinbarkeit mit meinem Training. Es fiel mir schwer, Prioritäten zu setzen. Mein Kalender war vollgepackt. Bald ließ sich der Plan nicht mehr halten, Interviews und Auftritte nur am Ruhetag zu machen. Teils trainierte ich eine Woche lang 30 Stunden am Anschlag, fuhr dann für drei Tage zu einem Event und versuchte, in der restlichen Woche den durch die Abwesenheit entstandenen Ausfall zu kompensieren. Keine Frage: Ich genoss den Trubel nach wie vor sehr und wusste meine neue Position zu schätzen. Doch ich merkte, dass mir die Doppelbelastung sehr zusetzte, und nach einer Weile fühlte ich mich innerlich zunehmend ausgebrannt. Ich schlief schlechter, fühlte mich im Training müde. Mir fehlte der Rhythmus. Ich hatte noch nicht gelernt, Nein zu sagen, und dass es auch in Ordnung ist, Nein zu sagen.

Faris, Jan, ich – wir waren alle noch nicht eingespielt beziehungsweise eingestellt auf die neue Situation. Wir wussten noch nicht, wie viel Schlaf ich brauchte, wann wir Termine kombinieren mussten und wann absagen, damit es nicht zu viel wurde. Ungewohnt war es für mich auch, auf einmal derjenige zu sein, mit dem die anderen sich messen wollten, teils sogar im Training. Ich, der immer am besten gewesen war, wenn er sich an anderen Athleten hatte festbeißen können, war nun selbst derjenige mit der Zielscheibe auf dem Rücken. Andere wuchsen über sich hinaus, um mich zu schlagen. Ich hätte es an deren Stelle ganz genauso gemacht. Doch nun, da ich der Gejagte war, spürte ich Druck. Druck von außen, dass ich gewinnen musste. Dass das Podium nicht genug war. Ich trug bei jedem Rennen die Startnummer eins. Ich war Weltmeister. Da konnte ich auf der Pressekonferenz schlecht sagen: »Ach, mir reicht es eigentlich, wenn ich hier Fünfter werde.« Das wäre ohnehin gelogen gewesen.

Wenn ich antrete, möchte ich gewinnen. Das ist eine wichtige Motivation.

Gleichzeitig waren meine Leistungen im Vergleich zu den Vorjahren nicht berauschend. Angesichts der vielen Verpflichtungen war das normal. Es gibt nicht umsonst nur wenige Athleten, denen auf Hawaii bisher eine Titelverteidigung gelungen ist. Aber die Situation belastete mich. Wie sehr, das merkte ich erst, als ich fünf Wochen vor der WM 2018 nach The Woodlands reiste. Erneut kamen Form und mentale Energie wieder, sobald ich außer Landes war, mit nur wenigen Menschen um mich und dem Fokus aufs Training. Ohne diese Zeit, ohne die Gespräche mit Greg und die Ruhe fernab von zu Hause, hätte ich den Erfolg vom Vorjahr wahrscheinlich nicht wiederholen können. Ich bin unendlich dankbar für das Jahr 2018. Es kostete mich jedoch viel Kraft und Energie – und ich tat mich schwer, darüber zu sprechen. Zumal Faris der Meinung war, dass ein Profi so was aushalten musste. Er hatte wenig Verständnis für meine Befindlichkeiten, und es begann zwischen uns zu knirschen.

* * *

Auch die Beziehung mit meiner Freundin ging auseinander, allerdings nicht aufgrund meines vollen Terminplans. Ich traf und verliebte mich in meine jetzige Frau Julia. Im Dezember 2017 war ich zur Präsentation des Profiradteams Katusha-Alpecin in den Robinson Club Cala Serena auf Mallorca eingeladen. Julia verbrachte dort mit ihrer Freundin Annika, die ich ebenfalls kannte, ein paar Urlaubstage. Mit Triathlon hatte Julia damals noch nichts am Hut, sie wusste weder, wer ich war, noch welche Distanzen man bei welchem Triathlonrennen absolvierte. Zum Glück hielt sie das nicht davon ab, sich mit mir zu unterhalten. Annika stellte uns nach der Team-Präsentation einander vor. Es klickte auf Anhieb zwischen uns. Stundenlang saßen wir in der Hotelbar und redeten. Am nächsten Morgen rief ich meinen Vater an und erklärte ihm: »Papa, ich habe gerade meine zukünftige Ehefrau kennengelernt.«

Seit diesem Tag haben wir uns nie mehr aus den Augen verloren. Julia verschob sogar ihren Rückflug, damit wir noch länger zusammen sein konnten, und radelte tapfer in Trainingshose und Turnschuhen eine dreistündige Tour mit mir – obwohl sie davor noch nie auf einem Rennrad gesessen hatte. Nach der Rückkehr von Mallorca, wo wir einfach nur an die Zimmertür des anderen klopfen mussten, um uns zu sehen, war es aber gar nicht mehr so einfach, Zeit miteinander zu verbringen. Julia lebte in Berlin, wo sie im Marketing eines Müslierstellers und als Fitnesstrainerin arbeitete. Ich wohnte nach wie vor in Darmstadt – sofern ich denn mal zu Hause war. Meine Tage waren streng durchgetaktet. Wenn, dann sahen wir uns an den Wochenenden, und das auch nur unregelmäßig. Zwar hatten wir uns gerade erst kennengelernt, doch uns war beiden klar, dass wir eine Fernbeziehung nicht wollten. Die Lösung war angesichts der Kürze unserer Beziehung mutig, aber wir waren überzeugt, dass es klappen würde: Wir würden nicht nur zusammenziehen, sondern Julia würde auch einen Job in meinem Team annehmen. Da mein Social-Media-Account gerade durch die Decke ging, war ich ohnehin auf der Suche nach jemandem gewesen, der für professionellen Content sorgte. Da Julia wusste, wie so etwas geht, stellte ich sie kurzerhand ein. Dadurch konnten wir zusammen reisen und Zeit miteinander verbringen, wann immer es möglich war.

Ich hatte ihr gleich zu Beginn gesagt, dass es nicht einfach sei, mit einem Profisportler zusammen zu sein. Schon gar nicht, wenn man immer alles hautnah mitbekommt: Training, Wettkampf und die Zeiten, in denen ich darauf bestehen musste, untätig auf der Couch zu liegen und zu regenerieren, anstatt etwas mit ihr zu unternehmen. Profisport kann und muss manchmal sehr egoistisch sein. Zu Beginn war das eine große Herausforderung für Julia, schließlich kannte sie den Triathlonzirkus überhaupt nicht. Der erste Wettkampf, zu dem sie mich begleitete, war eine Mitteldistanz auf Gran Canaria. Wir hatten abgemacht, dass sie keine Aufgaben haben würde und sich einfach einmal anschauen sollte, wie so ein Event ablief. Ich wurde in diesem Rennen Vierter und war nicht begeistert darüber, aber es war auch kein Drama. Julia beschäftigte das Ergebnis aber wohl sehr.

Jedenfalls weckte sie mich nach dem Wettkampf mitten in der Nacht, als ich gerade eingeschlafen war. »Was denn?«, brummelte ich, und sie sagte: »Patrick, ich kann nicht schlafen.« – »Warum?« – »Ich mache mir solche Gedanken, dass ich etwas falsch gemacht habe und du deshalb nicht gewonnen hast.« In diesem Moment habe ich, verschlafen wie ich war, wohl nicht mit der nötigen Empathie reagiert. Im Nachhinein liebe ich sie dafür aber umso mehr. Denn ihre Reaktion zeigte, wie sehr ihr daran gelegen war, dass ich meinen Job gut machen konnte. Wie sehr sie mich unterstützen wollte.

Dennoch achten wir bis heute darauf, dass Julia nicht nur »die Frau von ...« ist, sondern ihren eigenen Weg geht. Den fand sie auch bald im Umgang mit dem Profitriathlon.

* * *

Es gab einige liebe Menschen in meinem Umfeld, die Julia dabei halfen, sich im Leistungssport zurechtzufinden. Allen voran Stefan Keul, mein Canyon-Mechaniker und Freund, der sich viel Zeit nahm, um ihr zum Beispiel zu erklären, wie man Profisportler bei Wettkämpfen betreut. Als wir dann im Oktober zusammen nach Hawaii reisten, war sie schon ziemlich routiniert. Sogar ihre Mutter war mitgekommen, und die beiden unternahmen viel, während ich trainierte. Das war großartig, denn ich neige dazu, mich dafür verantwortlich zu fühlen, dass es allen in meinem Umfeld gut geht und sie versorgt sind. Das wäre diesmal ein Vollzeitjob gewesen, denn wir waren 2018 ein für meine Verhältnisse riesiger Trupp: neben Julia und ihrer Mutter waren auch Faris, mein Vater, unser Freund Michael, Jan und noch einige Leute aus dessen Umfeld mit nach Kona gereist. Es war immer etwas los. Das war neu für mich, da wir sonst meist nur zu dritt oder zu viert unterwegs gewesen waren. Auch vor Ort war es anders. Ich wurde erkannt, angesprochen, um Fotos gebeten. Natürlich hätte ich mich ins Lava Java setzen können, um einen Kaffee zu trinken. Das wäre schön und aufregend gewesen, aber nicht entspannt. Deshalb versuchte ich mich möglichst aus dem Trubel rauszuhalten. Trotzdem war es toll zu sehen, wie positiv die Leute auf mich reagierten und dass sie mir Glück wünschten. Es war schön zu merken, dass ich hier in Kona nicht mehr einfach nur dabei war, sondern wahrgenommen wurde.

* * *

Durch diese Sichtbarkeit und die Rolle desjenigen, den es als Titelverteidiger zu schlagen galt, bekam ich aber auch eine Lektion darin erteilt, was »psychologische Kriegsführung« bedeutet: In der Tageszeitung *FAZ* erschien kurz vor der Ironman-WM ein Artikel mit dem Titel »Kienle gegen Lange: Der Clinch der Deutschen beim Ironman«. In diesem Beitrag ging es darum, dass mir vorgeworfen wurde, mich auf dem Rad zu verstecken, die Regeln fürs Windschattenfahren maximal auszureizen und manchmal zu überschreiten. Ein normales Scharmützel im Vorfeld. Sebastian Kienle wurde zitiert mit den Worten: »Ich kann guten Gewissens behaupten, dass ich mit allen Profis gut auskomme, nur Doper und Leute, die ständig probieren, die Regeln maximal zu dehnen und oft auch überschreiten, bilden da die Ausnahme.« Ich selbst hatte den Artikel an dem Morgen, an dem er erschien, noch gar nicht gesehen. Sehr wohl gelesen hatte ihn aber mein Coach Faris, und der war stinksauer. Er wusste zum einen, dass diese Anschuldigungen schlicht nicht wahr waren, zum anderen hatte er die berechtigte Sorge, dass mich solche Aussagen treffen könnten. Natürlich hätten alle darauf hoffen können, dass ich von dem Text nie etwas mitbekommen würde. Da für den Abend aber ein großes Erdinger-Alkoholfrei-Event samt Presse angesetzt war, war allen klar, dass mich spätestens dann jemand darauf ansprechen würde.

Also ging Faris zu mir und zeigte mir den Artikel. Ich war erst mal baff. Dann wütend. Zum Glück bekam ich von meinem engsten Umfeld jede Menge Zuspruch: »Gib nichts drauf, was andere behaupten«, sagten sie, oder: »Wir und du wissen doch, dass das nicht stimmt, wir halten zu dir.« Ein paar Stunden lang war ich innerlich dennoch aufgewühlt. Langsam wich der Ärger aber der Erkenntnis, dass ich niemals kontrollieren können würde, was andere über mich sagen. Ein solches Geplänkel war Teil der Show, ob es mir gefiel oder nicht. Und laut Zeitungsartikel hatte ich – ohne es zu beabsichtigen – wohl in einem Interview ein paar Dinge gesagt, die Sebastian nicht gefallen hatten. Auch was andere von dem hielten, was ich sagte oder tat, konnte ich nicht kontrollieren. Also legte ich mir für den Erdinger-Abend eine (hoffentlich) schlaue Antwort zurecht und nahm mir vor, lieber auf der Strecke meine Leistung sprechen zu lassen, als jetzt große Töne zu spucken.

Später offenbarte mir Faris, dass es ihn sehr beeindruckt habe, wie ich mit der Sache umgegangen war. Tatsächlich trafen Sebastian und ich uns am Wettkampftag sogar am Schwimmstart, sprachen uns kurz über das

Thema aus und konnten am Ende über das Ganze lachen. Kein einziges Mal dachte ich im Wettkampf daran, wie viele Leute das gelesen haben könnten. Ich konzentrierte mich lieber auf die schönen Augenblicke. Es war zum Beispiel ein richtig guter Moment, fast schon ein erhabener, als ich die Startnummer 1 auf den Arm geklebt bekam. Damit an den Pier zu laufen, das war ein großartiges Gefühl. Mein Rad war das erste in der Reihe. In der Wechselzone von Kona. Kann es noch besser werden? Wohl kaum. Deshalb wurde es zuerst einmal schlechter.

* * *

Das Schwimmen lief diesmal richtig, richtig übel. Ich kam nach 50:37 Minuten als 18. aus dem Pazifik, fast zwei Minuten langsamer als vergangenes Jahr, drei Minuten hinter dem führenden Josh Amberger. *Nur* drei Minuten, könnte man sagen, für mich fühlte es sich an wie eine Ewigkeit. Vor allem, weil ich wusste, wer da alles mit mir im Feld war. Zwar war Jan Frodeno verletzt und nicht am Start. Allein Cameron Wurf, Lionel Sanders und Andrew Starykowicz, allesamt extrem starke Radfahrer, würden es mir aber richtig schwer machen können. Denn die Wetterbedingungen waren ideal. Kaum Wind, optimal für neue Radrekorde. Wurf hatte bereits im Vorfeld angekündigt, dass er ernst machen würde: »Alle Rekorde bedeuten nichts, solange ich das Ding hier nicht gewinne.« Entsprechend forcierte er das Tempo und setzte sich im Anstieg nach Hawi an die Spitze. Hinter ihm Starykowicz und Amberger. Zwei Gruppen weiter hinten kämpfte ich einen ganz anderen Kampf: den mit mir selbst.

Nach dem Schwimmen war ich dermaßen enttäuscht von mir, dass ich mir – wieder einmal – ein ums andere Mal die Frage stellte, ob es noch sinnvoll war weiterzumachen. Ich steckte in einem Sumpf, aus dem ich mich selbst wieder herausziehen musste, wenn der Wettkampf für mich hier nicht zu Ende sein sollte. Also entschied ich, dass das Rennen mit dem Umstieg aufs Rad für mich neu anfing. Alles auf null. Sehr schnell stellte ich fest, dass sich die knapp 16 000 Radkilometer, die ich in der Vorbereitung trainiert hatte, ebenso auszahlten wie das Feilen an Sitzposition und Cockpit. Es lief wie geschmiert, meine Beine fühlten sich großartig an. Die Motivation kam zurück wie auch der Hunger, es allen zu zeigen, dass ich es konnte. Mit mir in der zweiten Verfolgergruppe war mein Erdinger-Teamkollege Andi Dreitz, ebenfalls ein sehr guter Radfahrer. In seiner Nähe zu fahren pushte mich noch mehr. Anders als manche nach dem Rennen behaupteten, hatten wir uns aber weder abgesprochen, noch fuhren wir eine Teamtaktik, um mich zu schonen. Schon allein, weil ich wusste, dass ich von Zuschauern und Kampfrichtern mit Argusaugen beobachtet würde, passte ich ganz genau auf, gegen keine Abstandsregeln zu verstoßen; außerdem ist Andi nicht eine Art »Edeldomestike«, wie man es vom Profi-Radsport kennt, er fährt sein eigenes Rennen.

Ich fuhr die bis dato höchsten Wattzahlen meines Lebens. Allein als Andi ernst machte und mich attackierte, musste ich rund vier Minuten lang um die 380 bis 400 Watt aufs Pedal bringen. Und es gelang. Auch sein Tempo pendelte sich ein, und wir schlossen zeitgleich zu einer der vorderen Verfolgergruppen auf. Insgesamt beendete Andi die zweite Disziplin fast eine Minute schneller als ich. Ich ging Attacken mit, wenn ich sie mitgehen konnte, und hielt mich zurück, wenn ich es für zu riskant hielt. Trotzdem arbeitete ich mich auf Rang neun nach vorn und bügelte mit 4:16:06 Stunden einen Radsplit in den Asphalt, der fast 13 Minuten schneller war als 2017. Zwei Jahre zuvor hätte diese Zeit noch den Rekord auf der Radstrecke bedeutet. Doch an diesem Tag legte den Cameron Wurf hin – in 4:09:06 Stunden. Das war allerdings nicht die Zahl, die mich beim Wechsel zum Laufen am meisten beschäftigte. Es war der Blick auf meine Uhr und ein flinkes Hochrechnen, das meinen Puls kurzzeitig schneller werden ließ: Wenn ich einen 2:40er-Marathon laufen würde, was durchaus realistisch war, würde ich den Ironman Hawaii in 7:50 Stunden finishen, also unter acht Stunden. Das Projekt 101, das die 101 Sekunden aufgreift, die mir 2017 zu einem Finish unter acht Stunden gefehlt hatten und mich durch Verbesserungen am Equipment zum ersten Athleten machen sollte, der Sub-8 in Kona finisht, es war machbar. Das gab mir noch mal einen Extraschub.

* * *

Zusammen mit Bart Aernouts und Braden Currie lief ich los. Die beiden legten ein Höllentempo vor: 3:15 Minuten auf den Kilometer zeigte die Uhr an. Viel zu schnell. Kurz bekam ich Panik, dann rief ich mir in Erinnerung, dass ich vergangenes Jahr eine Durchschnittspace von 3:47 hatte – und damit gewonnen hatte. Das beruhigte mich etwas, und ich nahm Tempo raus. Die richtige Entscheidung. Bald schon wurden Aernouts und Currie langsamer, und ich schloss wieder zu ihnen auf. Meine Beine fühlten sich noch recht frisch an. Immer näher rückten wir an den führenden Cameron Wurf heran. Bei Meile sieben hatte er noch rund zwei Minuten Vorsprung, bei Meile neun war es weniger als eine. Ich hatte inzwischen eine Lücke zwischen mich und meine Mitläufer gerissen, Cameron war in Sichtweite. Als ich ihn überholte, war der Marathon noch nicht einmal zur Hälfte vorbei. Anders als 2017 blickte ich diesmal nicht stur nach vorn, als ich an ihm vorbeizog. Wir schauten uns an und tauschten einen Fistbump aus, weil ich diesmal nicht im Tunnel bleiben musste. Ich hatte das Selbstvertrauen, dass ich das packe. Wusste, dass der Sieg ab jetzt nur noch über mich gehen würde.

Ich gebe das nicht mehr aus der Hand.

Das dachte ich – und hoffte, dass die Insel das auch gehört hatte.

Ja, es waren noch rund 27 Kilometer, das Energy Lab, der einsamste Ort des Rennens, stand noch bevor. Und ich hatte Respekt davor. Aber ich spürte auch ganz deutlich, dass ich das Potenzial hatte, dieses Rennen von vorn zu bestreiten. Ich klammerte mich an dieses Selbstvertrauen. Um zu vermeiden, dass mich Gedanken wie *O Gott, es schauen Millionen zu und ich könnte das hier immer noch verkacken* ablenkten, begann ich, permanent meine Zielzeit auszurechnen. Vor mir fuhr das Führungsfahrzeug mit einer großen Wettkampfuhr auf dem Dach, das machte die Hochrechnungen einfach. Als ich noch zehn Kilometer vor mir hatte, rechnete ich herum, wie viel Zeit mir noch blieb, um in 7:59:59 Stunden zu finishen – und stutzte: Es waren 50 Minuten. Keine Ahnung, wann ich das letzte Mal 50 Minuten für zehn Kilometer gebraucht hatte. Langsam dämmerte mir, dass heute tatsächlich der Tag war, an dem alles passte, und dass ich sehr wahrscheinlich nicht nur gewinnen, sondern auch noch unter acht Stunden bleiben würde. Faris, der am Alii Drive stand und zuschaute, erzählte später, dass er sich schon ab Kilometer fünf dachte: »Das Ding ist durch. So wie die anderen da rumrennen, haben die keine Chance.«

Er sollte recht behalten. Vor meinem inneren Auge flimmerten die Bilder vom vergangenen Jahr: Ich wollte diesen Adrenalinrausch wieder spüren, die Euphorie, ich wollte den Kranz aufgesetzt bekommen. Außerdem hatte ich noch etwas vor, von dem zu diesem Zeitpunkt nur meine Gastmutter Maureen Gibbons wusste. Ich hatte ihr davon erzählt, sie gefragt, was sie davon hielt, und sie war so gerührt, dass sie sogar ein paar Tränen vergoss. Bevor es so weit war, musste ich es aber erst noch ins Ziel schaffen. Manisch griff ich mir an jeder Verpflegungsstation alles, was ich bekommen konnte: Schwämme, Wasser ... Einer Helferin riss ich sogar eine Zwei-Liter-Colaflasche aus der Hand und schüttete mir einen Teil der kühlen Brause in den Mund, den Rest über den Anzug – man nimmt, was man kriegen kann. An diesem Tag kriegte ich jede Menge: den zweiten Weltmeistertitel, den zweiten Kranz, den zweiten Siegerring. Ich wurde in 7:52:39 Stunden zum ersten Athleten, der den Ironman Hawaii in unter acht Stunden geschafft hatte. Es war perfekt. Fast.

* * *

Eine Sache gab es da noch, die ich unbedingt erledigen wollte. »Ich habe mir selbst etwas versprochen für den Fall, dass ich den Streckenrekord knacke«, sagte ich in das Mikrofon von Zielsprecher Mike Reilly. »Julia, hör bitte mal zu.« Ich ging zu ihr hinüber, Mike im Schlepptau, das Mikrofon unter der Nase. Die Leute applaudierten, als ich auf die Knie ging und sie fragte: »Julia, willst du mich heiraten?« Und als sie »Ja« sagte und mich küsste, war er es wirklich: der perfekte Tag. Nur einer war nicht da: Faris. Der saß in einem Burger King. Allein. Weil er »fix und fertig war, was da gerade abgegangen war«.

Spirale abwärts

Wie schon 2017 begann quasi direkt nach dem Zieleinlauf der Medienrummel. Mit dem Unterschied, dass ich diesmal schon mehr Erfahrung damit hatte. Ich wusste, dass ich etwas aufpassen musste, wie ich mich ausdrückte, um nicht missverstanden zu werden. Ich hatte gelernt, dass ich markige Sprüche von anderen an mir abprallen lassen musste – zumindest in der Theorie. Mir war klar, dass ich viele Hände nur schütteln, viele Leute nur treffen durfte, weil ich den Weltmeistertitel trug, nicht weil sie mich als Patrick mochten. Aber das war okay. Denn dieser zweite Titel bescherte mir viele unvergessliche Momente. So wurde ich zum Beispiel zum Sportler des Jahres gewählt, was sich fast ein bisschen anfühlte, wie auf die Oscar-Verleihung zu gehen. Die Halle, aus der die Ehrung gesendet wurde, war riesig. Die Kulisse mit den breiten Lichterbögen kannte ich bisher nur aus dem Fernsehen. Mein Vater und ich hatten die Sendung immer geschaut, schon als ich ein Kind war. Immer hatte ich die Athleten, die da auf die Bühne durften, bewundert. Sie hatten etwas Besonderes geschafft. Jetzt stand ich selbst auf dieser Bühne. Mit Anzug und Fliege. Und einem Hemd, das den Schweiß, der mir im Scheinwerferlicht ausbrach, deutlich schlechter aufnahm als meine Sportklamotten.

Die goldene Trophäe in meiner Hand hatte mir soeben Mark Allen überreicht, der extra aus Santa Cruz, Kalifornien, angereist war. Er war mein Überraschungsgast und ich völlig überwältigt, als er mit meinem Award hinter der Bühne hervorkam. Er hielt eine grandiose Laudatio. Seit ich mich bei ihm dafür entschuldigt hatte, dass ich ihm 2016 den Laufrekord abgenommen habe, sind wir Freunde geworden. Nach wie vor empfinde ich seine Geste, den ganzen weiten Weg gekommen zu sein, als eine unglaubliche Ehre! Neben mir wurde Tennis-Ass Angelique Kerber als Sportlerin des Jahres für ihren Wimbledon-Sieg geehrt. Ich posierte für Fotos mit ihr, mit der deutschen Eishockeynationalmannschaft, mit der Bahnrad-Olympiasiegerin Kristina Vogel ... Es war wunderschön. Surreal. Diese Auszeichnung hatte auch mein großes Vorbild Michael Schumacher bekommen – und viele andere Größen ihres Sports. War ich nun auch eine Sportgröße? Jemand, der seine Sportart mitprägte? Trotz aller sportlichen Erfolge fühlte ich mich doch immer noch wie der Junge aus Bad Wildungen. Ein Junge, für den es an der Zeit war, erwachsen zu werden.

***

Ich spürte, dass langsam die Person Patrick Lange nach außen sichtbar werden wollte, werden musste. In der Öffentlichkeit und im Sport. Dieser Person fiel es schwer, einen Termin nach dem anderen abzuspulen. Viel zu oft verfiel ich in eine selbst auferlegte, unterbewusste Habachtstellung, weil ich fürchtete, ich könnte falsch zitiert, falsch verstanden werden. Die Person, die da an die Oberfläche drängte, verlangte, mehr auf mich und meine Bedürfnisse zu hören. Aber dort, wo ich mich zu diesem Zeitpunkt befand, war das nicht möglich. Es prallten zwei Welten aufeinander: der Privatmensch Patrick Lange und der Weltmeister. Oft ging das gut, oft passte es aber auch überhaupt nicht zueinander. Die Schienen, auf denen ich bisher in der Öffentlichkeit unterwegs gewesen war, führten nicht mehr in die richtige Richtung. Manchmal schienen sie sogar auseinanderzudriften. Aber keiner griff zum Hebel, um die Weichen neu zu stellen. Das zeigte sich auch in meiner Beziehung zu Faris. Er hatte mir gleich nach meinem zweiten Hawaii-Sieg gesagt: »Hör zu, Patrick, jetzt hast du mich überflügelt. Ich kann dir nichts mehr beibringen.« Dennoch machten wir zunächst zusammen weiter, ich wollte ihn als Trainer behalten.

Never change a running system.

Nur, dass dieses System ordentlich zu knirschen begann. Hatte ich zu Beginn noch viel Führung gebraucht und war froh um Faris' klare Ansagen, wollte ich nun mitreden. Ich begann, mit ihm über Trainingsinhalte zu diskutieren, was ihm gar nicht gefiel. Meine Trainingsplanerfüllung sackte von 99 Prozent auf vielleicht 70 Prozent ab. Aber, und das war viel schlimmer als die Diskussionen: Selbst in den Einheiten, die ich absolvierte, konnte ich die Inhalte nicht umsetzen, die Intensitäten nicht halten. Es war zu viel. Zu schwer. Und wir hatten keine Ahnung, warum. Wir ließen Blutbilder machen. Mehrere Ärzte checkten mich durch. Wir gingen zur Leistungsdiagnostik. Nichts. Es gab keinen physischen Grund dafür, warum ich nicht an meine Vorjahresleistungen anknüpfen konnte, sondern im Gegenteil noch darunter rutschte. Es war frustrierend. Ich schlingerte, wurde empfänglich für Stimmen von außen, die stichelten: »Das, was ihr da macht, ist doch kompletter Schwachsinn.« Faris und ich mussten auf einmal Krisengespräche führen, die oft mit einer Ansage von Faris endeten: »Entweder du gehst jetzt raus und machst das so, wie ich es sage, oder wir gehen getrennte Wege.«

Ich ging raus, mit Wut im Bauch, und wir machten weiter wie vorher. Bis zum nächsten Streit. Ratlosigkeit, Frust – je weiter die neue Saison voranschritt, desto mehr staute sich in mir an, desto mehr stand zwischen dem, was Faris für richtig hielt, und dem, was ich wollte. Und konnte. Es war kein richtiges Loch, in das ich nach dem zweiten WM-Titel gerutscht war. Aber meine Motivation hatte definitiv genauso nachgelassen wie meine Leistung. Wofür das alles? Ich hatte gezeigt, dass ich Hawaii gewinnen konnte, und auch, dass das kein einmaliger Glücksfall war. Unser Saisonaufbau hatte mehrfach funktioniert. Jetzt tat er es nicht mehr. Wir hatten irgendwo beim Training oder bei der Ernährung Mist gebaut, sonst würde es ja laufen. Das war für uns ganz klar. Was wir überhaupt nicht beachteten, war das Mentale. Genau da gab es aber jede Menge zu verarbeiten.

* * *

Zum einen hatte der Hawaii-Sieg 2018 darüber hinweggetäuscht, dass schon vorher nicht alles glatt gelaufen war. Dass ich mich müde fühlte. Ausgebrannt. Dass es mir zu viel wurde. Es war wenig hilfreich, nun genau das gleiche Trainings- und Terminprogramm durchzuziehen, das mich schon in der Saison davor ans Limit gebracht hatte. Zum anderen musste ich im Privatleben einige heftige Einschläge verkraften. Einer kam im April 2019. Am 9. April. An diesem Tag erhielt ich die Nachricht, dass mein Freund Stefan Keul verstorben war. Der Mann, der so viel mehr für mich geworden war als derjenige, der sicherstellte, dass mein Bike pünktlich zum Wettkampf in Schuss war. »Keule« war in diesem April als Mechaniker mit einem Jedermann-Team im Trainingscamp in Südtirol gewesen. Er hatte die Sportler auf einer Trainingsfahrt begleitet, es sollte eine entspannte Tour durch die herrliche Südtiroler Landschaft werden. So wie es Tausende Radfahrer jedes Jahr machen. Auf einer Bergstraße in der Nähe von Bozen passierte es dann. Stefan kollidierte mit einem entgegenkommenden Auto, sodass er noch am Unfallort starb. Mir zog es den Boden unter den Füßen weg, als ich davon erfuhr. Stefan konnte nicht tot sein! Nur wenige Tage vorher hatte er mir noch eine SMS aus seinem Nepal-Urlaub geschickt. Er hatte sich den Traum erfüllt, eine Trekkingtour im Himalaya zu machen, und schwärmte davon, wie schön es dort war. Dass er sich vorstellen könne, dort zu leben. Er hatte so viel Freude am Leben gehabt, an seinem Job. Hatte Pläne und Träume. Nun war er weg. Für immer. Und ich wusste nicht, wie ich damit umgehen sollte. Wo ich hinsollte mit meiner Trauer. Für einige Tage zog ich mich zurück. Aus den sozialen Medien, aus der Öffentlichkeit. Ich tröstete mich mit dem Gedanken, dass Stefan vielleicht jetzt dort war, wo es ihm so gut gefallen hatte. In den nepalesischen Bergen. Noch heute vermisse ich ihn. Jedes Mal, wenn ich auf ein Rad steige, um das er sich nun nicht mehr kümmert.

* * *

Dieser Verlust war der zweite Schlag nach einer Hiobsbotschaft, die ich bereits Ende Januar 2019 erhalten hatte: Meine Mutter war schwer krank. Magenkrebs. Bösartig und bereits weit fortgeschritten. Ihr war es schon seit einigen Monaten nicht gut gegangen. Sie hatte sich unwohl gefühlt, war ständig müde, was völlig untypisch für sie war. Vielleicht hatte sie geahnt, dass es etwas Ernstes war. Denn sie hatte darauf bestanden, mich 2018 zur Weltmeisterschaft nach Hawaii zu begleiten. Es war das erste Mal, dass sie dorthin mitkommen wollte, und ich konnte den Grund nicht wirklich nachvollziehen. Lange Zeit wehrte ich mich dagegen und versuchte, ihr das auszureden. Es würden so viele Menschen mit mir vor Ort sein. Der größte Tross, mit dem ich je auf einem Wettkampf war. Ich wurde schon nervös, wenn ich nur daran dachte, was in unserer Unterkunft los sein würde, wie viel Trubel dort herrschen würde. Jede zusätzliche Person würde mich nur noch mehr ablenken. Sogar meine eigene Mutter, fürchtete ich. Doch sie blieb stur: »Ich komme auf jeden Fall mit«, beharrte sie. Für diese Sturheit bin ich ihr heute sehr dankbar. Dass sie bei meinem zweiten Sieg im Ziel stand, dass sie meinen Sub-8-Rekord miterlebte, bei meinem Heiratsantrag und dann sogar noch bei unserer Hochzeit dabei sein durfte, war ein großartiges Gefühl. Zwar lebten meine Eltern inzwischen seit mehreren Jahren getrennt, aber sie beide bei mir zu haben, an einem Tag wie diesem, war unbezahlbar.

Als wenige Monate nach diesem perfekten Moment die Krebsdiagnose kam, war ich zutiefst erschüttert. Mir fiel es schwer zu akzeptieren, dass meine Mutter diese Krankheit wahrscheinlich nicht überleben würde. Einfach dasitzen und abwarten, dass sie starb? Das konnte ich auf keinen Fall! Es musste doch etwas geben, das ich tun konnte. Da musste doch jemand sein, der ihr helfen konnte. Ich begann nachzuforschen, welche Ärzte sich besonders gut auskannten auf dem Gebiet der Magenkrebs-Behandlung. Telefonierte herum, rief Gott und die Welt an. Ich merkte, wie mir der Status Ironman-Weltmeister Türen öffnete, die mir als Normalsterblicher Patrick Lange verschlossen geblieben wären. Mein Status, der mir ansonsten ziemlich gleichgültig war, stellte sich nun als Segen heraus. Denn ohne meinen Titel hätte ich vermutlich nie mit Professor Arnulf Hölscher sprechen können, eine Koryphäe im Bereich Magenkrebs. Ein Fachmann, der sich seit mehr als 30 Jahren mit dieser Erkrankung beschäftigte. Obwohl er vermutlich mehr als genug zu tun hatte, nahm er sich viel Zeit, um mit mir und meiner Mutter zu reden. Ruhig, sachlich. Er engagierte sich sehr, tauschte sich mit anderen Ärzten aus, um meiner Mutter bestmöglich zu helfen. Ich schöpfte Hoffnung. Hielt mich an dem Gefühl fest, etwas bewegen zu können. Über den Sport hinaus. Hoffte, dass es noch nicht zu spät war. Doch diese Hoffnung war ein fragiles Konstrukt, das Anfang Mai zu Bruch ging. Ich war gerade zum Ironman 70.3 nach Vietnam gereist. Auf Instagram gibt es ein Foto, auf dem ich grinsend am Flughafen posiere. »Noch zwei Tage bis zum Rennen. Was für ein netter Empfang«, steht neben dem Bild. Da waren es noch knapp 24 Stunden bis zu dem Anruf von Professor Hölscher, der alles veränderte.

Es war der Tag vor dem Wettkampf. Ich lag gerade auf dem Bett im Hotelzimmer und ruhte mich aus, als mein Handy klingelte. »Hallo, Herr Lange. Hölscher hier. Störe ich gerade?« – »Nein, ich bin im Hotel in Vietnam. Morgen ist Wettkampf«, antwortete ich und merkte, wie sich mein Magen zusammenzog. »Ah, okay. Dann melden Sie sich doch am besten danach bei mir. Konzentrieren Sie sich erst mal auf das Rennen«, sagte der Arzt. Aber das hätte ich nicht ausgehalten: »Ich weiß, warum

Sie anrufen, bitte sagen Sie es mir gleich – was ist los?«, bat ich ihn. Und nach einer kurzen Pause bestätigte er mir das, was ich befürchtet, aber nicht hatte wahrhaben wollen: Meine Mutter würde es nicht schaffen. Sie würde den Krebs nicht besiegen können und vermutlich innerhalb der nächsten zwölf Monate sterben.

Die Welt um mich herum versank im Nebel. Mein Herz schrie vor Schmerz. Mein Kopf konnte nicht begreifen, was der Professor da gesagt hatte. Zum Glück war Julia mit mir nach Vietnam gekommen. Wir redeten, weinten, hielten uns. Der Triathlon war in diesem Moment ganz weit weg.

* * *

Den Wettkampf am nächsten Tag absolvierte ich wie in Trance. Doch ich wollte ihn unbedingt machen. Ich musste ihn machen. Alles, nur nicht nachdenken. Ich blendete alles aus, was nicht mit dem Rennen zu tun hatte, als ich in das warme Meerwasser eintauchte. Das Schwimmen lief solide, ich landete auf Position sechs und schaffte es in die erste Radgruppe. Die Bewegungen fühlten sich gut an. Vertraut. Aber nach circa 50 Kilometern merkte ich, dass sich das Rad schwammig fuhr. Ich schielte nach hinten. Der Reifen schien defekt zu sein. Er war nicht platt, verlor aber kontinuierlich Luft: ein sogenannter Schleicher. *Was tun*?, überlegte ich. Stehen bleiben und den Schlauch wechseln? Pokern, dass die Luft bis ins Ziel reicht? Ich entschied mich für

Letzteres – und gewann die Wette knapp. Mit rund zwei Bar im Schlauch und einem Hinterrad, das mehr auf der Felge als auf Luft rollte, eierte ich in die Wechselzone. Noch immer Platz sechs.

Die Luft flirrte vor Hitze. Das Laufen würde hart werden. Ein Rennen, das mit dem Kopf entschieden wird. Gut so. Keine Zeit, um daran zu denken, womit ich nach dem Finish wieder konfrontiert sein würde. Ich zerrte meine Laufschuhe aus dem Wechselbeutel. Mit Filzstift hatte ich »SK« darauf geschrieben: Stefan Keul. Diesen Wettkampf, den ersten seit seinem Tod, wollte ich für ihn machen. Ich rannte wie entfesselt durch eine Luft, die sich anfühlte, als strömte sie aus einem Heizlüfter. Kona ist heiß. Aber das ist nichts gegen die Hitze hier, in Vietnam. Diese feuchte, schwere Hitze, die einen niederdrückt. Mehr als einmal hatte ich eine sehr dunkle Phase. Hätte nichts lieber gemacht, als mich einfach irgendwo hinzusetzen. Aber ich lief weiter. Für Stefan. Für mich. Für Mama. Ich sammelte einen Athleten nach dem anderen ein. Nach 1:15:52 Stunden auf der Laufstrecke, nach 3:49:08 Stunden insgesamt, riss ich das Zielbanner nach oben. Neuer Streckenrekord. Ich hatte gewonnen. Wie, das weiß ich bis heute nicht.

»2019, du kannst gern so weitergehen«, schrieb ich neben das Siegerbild auf Instagram – und hoffte, dass das Jahr nicht auf mich hören würde. Zumindest was mein Leben abseits des Sports betraf. Noch am Tag des Rennens flogen wir nach Hause. Ich versuchte, meinen sportlichen Alltag so normal wie möglich zu gestalten.

Ging mit meinen Partnern in den Windkanal, machte meine Kraftübungen, scheiterte an den Vorgaben meines Trainingsplans. Meine Mutter besuchte mich regelmäßig – Julia und ich wohnten inzwischen in Salzburg –, oder ich fuhr zu meiner Schwester nach München, wenn meine Mutter dort war. Ich wollte möglichst viel Zeit mit ihr verbringen, solange das noch möglich war. Immer wieder musste sie ins Krankenhaus. Irgendwann stand palliativmedizinische Behandlung an, sprich: die Lebensqualität so weit wie möglich erhalten. Trotz der hoffnungslosen Prognose unterzog sie sich mehrerer Chemotherapien. Sie verlor ihre dicken schwarzen Haare, auf die sie immer so stolz gewesen war. Sie verlor Gewicht, wurde ein Schatten ihrer selbst. Sie litt. Ich litt. Unsere Familie litt. War das Training vorher schon nicht einfach gewesen, wurde nun jede Einheit zur Qual. In Gedanken war ich bei meiner Mutter. Wattzahlen, Durchschnittsgeschwindigkeiten ... wen interessierte das? Die Welt würde sich auch weiterdrehen, wenn ich nur zwei statt vier Intervalle machte. Für meine Mutter würde sie sehr bald stehen bleiben. Egal, was sie tat.

K. o. vor laufender Kamera

Der Juni kam und mit ihm der Ironman Frankfurt. Ich hatte für ihn gemeldet. Schließlich hatte ich noch eine Rechnung mit dem Rennen offen. Und ich musste mich auch als Weltmeister mit einem Langdistanz-Finish für einen erneuten Start auf Hawaii qualifizieren. Jan Frodeno und Sebastian Kienle würden ebenfalls am Start sein. Die Medien drehten durch: »Triathlon-Showdown in Frankfurt: Kienle jagt Frodeno und Lange bei Ironman-EM«, war bei der *Nordwest Zeitung* zu lesen. »Es wird heiß hergehen beim Ironman in Frankfurt - und das liegt nicht nur am Wetter«, orakelte die *FAZ*. »Ironman Frankfurt: Einer gegen alle, alle gegen einen«, titelte die Online-Plattform *Pushing Limits*. Die Erwartungen waren hoch. Artig bestätigte ich, wie motivierend es sei, in der Heimat um den Sieg zu kämpfen. Gegen Konkurrenten wie Frodeno und Kienle. Ob ich das zu diesem Zeitpunkt tatsächlich glaubte, kann ich heute gar nicht mehr sagen. Die Tage und Wochen sind in meiner Erinnerung verschwommen, unterbrochen durch wenige klare Szenen.

Eine davon ist, wie ich am Vortag des Rennens am Bett meiner Mutter sitze und mit ihr rede. Wie sie sagt:

»Willst du dir das morgen wirklich antun?« Wie ich antworte: »Was soll ich denn anderes machen?« Wie ich zur Pressekonferenz gehe und so tue, als wäre der Wettkampf morgen das Wichtigste auf der Welt. Wo ich große Töne spucke und Kampfansagen an meine Mitstreiter mache, während in mir alles wegwill. Ins Krankenhaus. Zu meiner Familie. Und wie ich dann zurückfahre an das Bett meiner Mutter. Ich war fahrig in dieser Zeit, machte Fehler, die ich nicht einmal als Triathlon-Einsteiger gemacht hatte. So verwechselte ich zum Beispiel zwei Tage vor dem Rennen meinen isotonischen Drink mit dem Proteinpulver, verleibte mir gut 100 Gramm konzentriertes Eiweiß ein und verbrachte die nächsten beiden Tage mit Durchfall auf der Toilette. Nicht optimal, den Darm derart zu entleeren, wenn man kurz vor einem Langdistanzstart steht.

***

Eine andere Erinnerung, die sich mir schmerzhaft klar ins Gedächtnis gebrannt hat, ist der Wettkampf selbst. Schon beim Schwimmen machte Jan Frodeno ganz deutlich, dass der Sieg nur über ihn gehen würde. Er legte ein ordentliches Tempo vor. Beim Wechsel aufs Rad hatte er 1:54 Minuten Vorsprung auf die Gruppe, in der ich mich befand. Unter normalen Umständen wäre noch alles drin gewesen. Zumal bei meinen beiden zu »Erzfeinden« hochstilisierten Mitstreitern nicht alles rundlief: Frodeno machte einen unfreiwilligen Ausflug ins Gelände und verlor seine Verpflegung, nachdem er sich verbremst hatte. Kienle trat sich nach dem Schwimmen eine Scherbe in die Ferse, die ihm vor dem Laufen von den Sanitätern herausgezogen werden musste. Unwägbarkeiten, die mir in die Karten hätten spielen können. Doch ich hatte nicht die geringste Motivation, mich so zu quälen, wie ich das sonst bei Wettkämpfen tat. Ich war am Start erschienen und losgeschwommen. Reichte das nicht?

Neun Minuten Rückstand hatte ich mittlerweile schon auf die Spitze kassiert. Mein Magen grummelte – noch immer Nachbeben des Proteinpulvers? –, und am Ende der ersten von zwei Radrunden hatte ich auch noch einen platten Reifen. Keinen Schleicher wie in Vietnam. Einen richtigen Platten, der mir keine Wahl ließ, als anzuhalten und den Schlauch meines Vorderrades zu wechseln. Auf der einen Seite, dicht gedrängt stehende Zuschauer am Streckenrand, die mich anstarrten. Auf der anderen die Kameraobjektive der Zeitungen, Magazine und TV-Sender, die jede meiner Bewegungen festhielten. *Was mache ich hier eigentlich? Das ist doch alles peinlich,* dachte ich. Und: *Natürlich passiert mir das jetzt.* Was für ein unsäglicher Tag. Während vorn Sebastian Kienle Jan Frodeno beim Laufen jagte, lag ich bereits eine halbe Stunde hinter den beiden und verdrückte mich nach dem Radfahren in der zweiten Wechselzone erst einmal aufs Toilettenhäuschen. Der Magen. Klar. Wenn nicht heute, wann dann? Trotzdem wollte ich zumindest versuchen, den Marathon noch zu laufen. Auf der Strecke, die fast direkt an dem Krankenhaus vorbeiführte, in dem meine Mutter lag. Der Versuch fiel nicht sehr überzeugend aus.

Nach zehn Kilometern stellte sich Faris mir in den Weg und rief: »Hör auf, das bringt doch nichts.« Ich herrschte ihn an: »Bist du bescheuert? Ich jogge das jetzt zu Ende.« Das tat ich auch. So langsam, dass ich von Kienle und Frodeno auf dem Vierrundenkurs sogar überrundet wurde, was nichts anderes bedeutet als: Ich hatte zehn Kilometer Rückstand auf die beiden. Als ich schließlich nach 8:47:49 Stunden, knapp 50 Minuten hinter dem Sieger Jan Frodeno und dem Zweitplatzierten Sebastian Kienle, als Elfter ins Ziel taumelte, hatte ich meinen Hawaii-Startplatz zwar bestätigt. Aber auch einen neuen Tiefpunkt erreicht. Nun lief es selbst im Wettkampf nicht mehr. Was war das für ein Jahr? Ich igelte mich ein, versuchte, möglichst wenig von dem mitzubekommen, was in den Tagen danach über das Rennen, über das deutsche Triell gedruckt, gepostet oder gesendet wurde. Aber ganz an mir vorbei ging es natürlich nicht: »Ironman-Weltmeister Lange chancenlos«, hieß es bei *Sport 1*. »Einen raushauen ist auf der Langstrecke etwa so planbar wie schönes Wetter für eine Gartenparty im deutschen April«, analysierte die *Süddeutsche Zeitung* und bezog sich damit auf meine Kampfansage bei der Pre-Race-Pressekonferenz, »einen raushauen zu wollen«.

* * *

Nun schlingerte ich ziellos irgendwo herum. *Lost in space*. Mir wurde geraten, mich still zu verhalten. Mich nicht zu dem Rennen und meiner Performance zu äußern. Das tat ich nur zu gern. Ich wollte meine Ruhe. Doch das war ein großer Fehler. Denn Schweigen gibt Spekulationen Nahrung, und die sprudelten fröhlich. Das hatten wir unterschätzt. Natürlich hätte ich mit der Krankheit meiner Mutter an die Öffentlichkeit gehen können. Aber ich wollte auf keinen Fall den Eindruck erwecken, dass ich sie dafür verantwortlich machte, dass ich keine Leistung brachte. Sie verfolgte die Berichterstattung, und wäre irgendwo ein Artikel aufgetaucht, in dem ich ihre Krankheit auch nur ansatzweise vorschob, um mein Abschneiden im Wettkampf zu rechtfertigen, hätte sie das zutiefst traurig gemacht. Es stimmte ja auch nicht. Der Einzige, der an meinem körperlichen und mentalen Zustand »schuld« war und etwas ändern konnte, war ich selbst. Doch ich tat das genaue Gegenteil: Wo immer es ein Fitzelchen Negativität gab, war ich zur Stelle und saugte es auf wie ein Schwamm. Selektive Wahrnehmung nennt man das, wenn man nur bestimmte Aspekte seiner Umwelt aufnimmt und andere ausblendet.

Ich sah auf einmal überall Kritiker. Und ich begann die negative Kritik zu glauben, die sie an mir äußerten. Wahrscheinlich war ich wirklich ein schlechter Radfahrer. Wahrscheinlich hatte ich sie wirklich nicht drauf, diese ganze Langdistanz-Profigeschichte. Mein Selbstvertrauen rauschte in den Keller, Faris und ich rauschten erneut zusammen. Wir stritten immer wieder, manchmal schrien wir uns richtig an. Auch weil ich begann alles überzuinterpretieren. Hatte ich eine schlechte Radausfahrt, war gleich der ganze Radaufbau scheiße. Und das ließ ich ihn auch wissen. Im Trainingscamp in St. Moritz, einem Ort, an dem ich immer gern gewesen war, gelangte ich an meinen Tiefpunkt. Da war nichts mehr. Jede Einheit war zäh. Ich hatte keine Lust aufs Training. Allein schon morgens aufzustehen, fiel mir schwer. Warum sollte ich? Damit ich die Trainingsvorgaben wieder nicht umsetzen konnte? Damit Faris mir wieder die Ansage machte, ich solle halt mal die Zähne zusammenbeißen? Ich begann, Einheiten ausfallen zu lassen. Merkte, wie sich die Spirale weiter abwärts drehte. Mit mir mittendrin. Doch ich ließ es geschehen. Ich hockte da wie ein Käfer an der Autoscheibe, der keine Ahnung hat, wo die Fahrt hingeht, und der nichts weiter tun kann, als sich festzuklammern und zu hoffen, dass er nicht weggeblasen wird.

»Nimm raus, du brauchst mal zwei, drei Wochen Pause«, hatte ein befreundeter Sportwissenschaftler mir geraten. Ich genehmigte mir zwei, drei Tage, stieg dann wieder in den Plan ein, pausierte wieder drei Tage … und beraubte mich so jeder Konstanz. Aber durchzuziehen hätte ich genauso wenig geschafft, wie konsequent Pause zu machen. Alles fühlte sich so verdammt hart an. Julia war immer bei mir, versuchte, mit mir zu reden. Sie konnte allerdings auch nichts tun, um mich aus meinem Loch zu holen.

* * *

Unsere Hochzeit im August war eine dringend benötigte Insel in diesem Strudel aus Unsicherheit, Unzufriedenheit und Frustration. Wir heirateten auf dem Standesamt im Salzburger Schloss Mirabell, im engsten Familienkreis. Danach feierten wir am Fuschlsee. Es war sonnig, einfach traumhaft. Wir tollten mit den Kindern meiner Schwester über die Wiese, es gab Torte und irgendwie war das Leben in diesem Moment doch ziemlich okay. Auch meine Mutter feierte mit uns. Drei Tage lang ließ ich den Triathlon Triathlon sein. Für einen kurzen Augenblick war alles gut. Entspannt. Geborgen. Dann holte mich eine katastrophale 70.3-WM in Nizza wieder auf den harten Boden der sportlichen Tatsachen zurück. Ich war angereist in dem Wissen, dass das Feld extrem leistungsstark sein würde, mit Experten in jeder Disziplin: Kurzdistanzler, die das Schwimmen schnell machen würden. Radspezialisten wie Andi Dreitz, die es darauf anlegen würden, schon in der zweiten Disziplin eine Entscheidung herbeizuführen. Gute Läufer wie Javier Gómez, die das Tempo zum Schluss noch mal richtig anziehen konnten. Aber ich trat an mit dem festen Willen, *all out* zu gehen und es den anderen Jungs so schwer wie möglich zu machen. Dieses Vorhaben scheiterte kolossal.

***

Das Schwimmen lief mit 24:31 Minuten noch ganz okay, wenn auch nicht sensationell. Auf dem Rad ging dann aber gar nichts mehr. Vielleicht hatte ich einen schlechten Tag erwischt. Einen der vielen schlechten Tage in diesem Jahr. Vielleicht hatte ich mir auch nur lange genug eingeredet, dass das Radtraining nicht funktionierte und dass ich es nicht konnte. Jedenfalls brachte ich bei Weitem nicht die Leistung aufs Pedal, die ich hätte bringen müssen und schon gebracht hatte. 2:31:31 Stunden brauchte ich für den 90-Kilometer-Kurs, der mit flachem Beginn und Ende sowie einem langen Anstieg samt Abfahrt wie der Höcker eines Dromedars aussah und mir als kleinem, leichtem Athleten eigentlich entgegenkam. Das Podium mit Gustav Iden, Alistair Brownlee und Rodolphe Von Berg benötigte dafür nur um die 2:17 Stunden – Welten in meinem Sport. Die Siegerin bei den Frauen, Daniela Ryf, war nach 2:33 Stunden auf dem Rad in der zweiten Wechselzone. Mir war klar: Das Rennen war für mich gelaufen. Ich beschloss, die 70.3-WM zu einem harten Trainingstag zu erklären, und versuchte, wenigstens noch möglichst konstant durchzulaufen. Am Ende wurde es Platz 22. Nicht das, wofür ich nach Nizza gekommen war. Ganz und gar nicht. Es war der Wurm drin in dieser Saison. Dieser berufliche Misserfolg strahlte auch in mein Privatleben aus. Für Julia war diese Zeit nicht leicht. Sie spürte, dass es mir schlecht ging, aber ich konnte nicht mit ihr darüber sprechen. Sie versuchte es oft, immer wieder, aber ich war nicht in der Lage dazu, das auszudrücken, was in mir vorging. Ich konnte es ja selbst nicht richtig einordnen. Immer wieder prallte sie an meinem nordhessischen Sturkopf ab. An einem »passt schon« oder »jetzt nicht«. Es war eine belastende Zeit für unsere Beziehung.

Hinfallen. Kopf richten. Weitermachen.

Etwas besser wurden sowohl meine Leistung als auch meine Stimmung erst, als ich mit Julia, Boris und Patrik Nilsson nach Texas flog, um mir – wie jedes Jahr – dort den letzten Schliff für Kona zu holen. Hier war meine Ruheoase. Meine Familie außerhalb der Familie. Während meine sportlichen Probleme zwischen Boris, Patrik und mir kein Thema waren, sprach ich mit Greg sehr viel darüber. Ich erzählte ihm ehrlich, dass es gerade überhaupt nicht lief und dass ich im Hinblick auf Kona kein gutes Gefühl hatte. Er hörte sich alles an und redete mir gut zu: »Patrick, du bist für die Insel gemacht. Bleib im Hier und Jetzt. Fokussiere dich nicht auf die Dinge um dich rum. Was die anderen sagen, kann dir egal sein.« Es schien zu wirken. Tatsächlich wurden nach einigen Tagen in The Woodlands meine Trainingsdaten besser. Nichts anderes zu machen als schlafen, essen und trainieren tat mir gut. Mein Selbstvertrauen kehrte zurück. Greg hatte schon so oft recht behalten. Warum nicht auch diesmal?

Als ich mich in den Economy-Sitz des Fliegers nach Kona zwängte, war ich überzeugt davon, dass das Rennen gut werden würde. Oder zumindest nicht schlecht. Ich setzte mir Kopfhörer auf und hörte meine Playlists, neben dem ein oder anderen Podcast irgendwelche Rock-Compilations. Mir ging es hauptsächlich ums Noise Cancelling, denn ich bin sehr geräuschempfindlich, besonders wenn ich müde bin. An manchen harten Trainingstagen bin ich sogar so empfindlich, dass Julia mich vorwarnen muss, wenn sie abends zum Beispiel den Mixer einschalten möchte. Dann kann ich die Kopfhörer holen oder aus dem Zimmer gehen, weil ich den »Lärm« nicht ertrage. Im Flieger nach Kona wäre es aber vermutlich nicht schlecht gewesen zu hören, was sich um mich herum abspielte, denn hinter mir saß ein Herr, der ziemlich eindeutige Erkältungsgeräusche von sich gab. Davor verschloss ich jedoch – buchstäblich wie auch im übertragenen Sinne – die Ohren. Ich ließ mich von den Gitarrenklängen über den Ozean nach Big Island tragen und ignorierte, dass mir mein Hintermann den kompletten Flug über in den Nacken hustete.

* * *

Mag sein, dass er mich angesteckt hat. Mag sein, dass es einfach Pech war. Jedenfalls streikte mein Immunsystem in der Nacht vor dem Wettkampf. Schon am Vortag hatte ich mich nicht fit gefühlt, nun lag ich zitternd im Bett. Kalter Schweiß auf der Stirn. Es fühlte sich an, als hätte ich Fieber. Messen wollte ich nicht, aus Angst vor dem Ergebnis. Als ich Julia weckte, erschrak sie richtig, als sie mich sah. Kreidebleich. Hundeelend. Was nun? Sollte ich den Start absagen? Aber ich war doch der Titelverteidiger … Faris war nicht da, um ihn zu fragen. Er hatte sein Visum nicht rechtzeitig bekommen und durfte nicht einreisen. Normalerweise kein Ding, ich kannte Örtlichkeit und Rennen. Faris war ohnehin nur selten bei den Wettkämpfen zugegen. Das hier aber war eine Ausnahmesituation, auf die ich in keiner Weise vorbereitet gewesen war. Ich beschloss, Faris anzurufen und ihn um seine Einschätzung zu bitten, in Deutschland war es später Nachmittag. Sofort war er am Apparat. Ich war erleichtert, beruhigt. Faris hörte sich an, was los war, welche Symptome ich hatte, wie es mir ging, und riet mir dann: »Jetzt bist du schon mal da. Probier's.« Ich haderte noch eine Weile mit mir, entschied mich aber dann, an den Start zu gehen. Das Rennen sollte meine Belohnung dafür sein, dass ich mich das ganze Jahr über gequält hatte. Hawaii war für mich immer ein gutes Pflaster gewesen. Ich hoffte, dass es auch diesmal gut gehen würde.

* * *

Das Schwimmen klappte tatsächlich ganz hervorragend. Vielleicht lag es an der kühlenden Wirkung des (eigentlich gar nicht so kühlen) Wassers, aber ich fühlte mich besser. Gesund. Der Geist von Kona schien mir ein weiteres Mal gewogen zu sein. Nur neun Sekunden hinter dem späteren Sieger Jan Frodeno lief ich in die Wechselzone. Würde diese Saison doch noch ein versöhnliches

Ende nehmen? Würde ich meiner Mutter noch einmal einen Hawaii-Sieg schenken können? Vollends motiviert ging ich auf den Radkurs, doch gleich zu Beginn der 180 Kilometer langen Strecke merkte ich, dass etwas mit meinem Körper ganz und gar nicht stimmte. Schon bald meldete sich das Fieber mit voller Wucht zurück. Nach 60 Kilometern auf dem Rad wurde mir übel. Meine Muskeln begannen zu krampfen. Mir wurde schummrig. Aber aufgeben wollte ich nicht. Noch nicht. Wie hätte das denn ausgesehen? Ich trug die Startnummer eins. Ich war – zumindest noch ein paar Stunden – der amtierende Weltmeister. Als weitere zehn Kilometer später kurze Blackouts einsetzten und ich phasenweise kurz nur noch einen Schleier aus dichtem Nebel sah, wurde mir aber schmerzlich bewusst, dass ich hier und heute nicht ins Ziel kommen würde.

Wie hatte Jan Frodeno mal zu mir gesagt: »Wenn du denkst, du hast das Rennen verstanden, fickt es dich.« Er hatte recht.

Als ich das erste bekannte Gesicht am Streckenrand entdeckte, das von Björn Geesmann, dem Coach meines Trainingspartners Boris Stein, rollte ich von der Strecke, blieb stehen, legte die Arme auf den Lenker und das Gesicht auf den Armen ab. Ich fühlte mich elend. Hätte mich am liebsten an den Straßenrand gelegt. Sofort war Björn neben mir und noch einige andere Zuschauer, die dort gestanden hatten. Er fragte, was los sei, und sagte, dass er seinen Mietwagen nicht weit weg stehen hatte. Ich rollte mit ihm dorthin, er packte mein Bike in den Kofferraum und ich rutschte auf den Beifahrersitz. Jetzt war es offiziell: Es war vorbei. Did Not Finish oder kurz: DNF. Ich war raus. Auf Hawaii. Meinem Rennen. Es war der wahrscheinlich dunkelste Moment in meiner sportlichen Karriere.

* * *

Zurück in unserer Unterkunft schlief ich erst einmal fünf Stunden lang durch. Ich bekam nicht mit, dass Jan Frodeno gewann und Anne Haug mit einem sensationellen Marathon den ersten deutschen Doppelsieg auf Hawaii perfekt machte. Dass sowohl Frodeno als auch der Zweitplatzierte Tim O'Donnell unter acht Stunden blieben. Dass Frodeno meinen Rekord in 7:51:13 Stunden brach und um knapp eineinhalb Minuten unterbot. Ich bekam nicht mit, dass Sebastian Kienle Dritter wurde. Und auch nicht, dass das Gerede losging. »Lass die Finger vom Handy«, hatte mein Ex-Manager gesagt. Er hatte Interviewanfragen mit »Nein, sorry« brüsk abgelehnt, um mich abzuschirmen. Aber diese Strategie ging, wie bereits beim Ironman Frankfurt, komplett nach hinten los. Denn weil ich nicht selbst erklärte, warum ich ausgestiegen war, übernahmen das andere für mich: Ich sei nicht krank gewesen, ich sei ausgestiegen, weil es auf dem Rad nicht gelaufen sei, hieß es, und dass es ein Unding sei, erst zu behaupten, hier in Kona etwas erreichen zu wollen, »das mir keiner mehr wegnehmen kann«, und dann nicht in der Lage zu sein, sich in angemessener Zeit zum Ausstieg zu äußern. Es wurde spekuliert, dass ich psychisch angeknackst sei (was ja auch nicht ganz von der Hand zu weisen war). Es brodelte. Und mir war klar, die Sache war gelaufen. Egal, was ich jetzt noch zur Diskussion beisteuerte, die öffentliche Meinung war gebildet. Ich war der Idiot, der aussteigt, wenn es nicht so läuft, wie er sich das vorstellt. Der eine Krankheit vorschiebt und sich versteckt.

Ich kann nachvollziehen, dass es nach außen so gewirkt hat. Aber die Reaktionen taten dennoch weh. Ja, ich hätte früher eine Erklärung liefern müssen. Jedoch kann ich bis heute nicht verstehen, wie man ernsthaft auf die Idee kommen kann, dass ich einfach so hingeschmissen hätte. Dass ich ausgestiegen sei, nur weil ich keine Lust mehr gehabt hätte. Welcher Profi startet mit der Nummer eins bei der Weltmeisterschaft und hört dann auf, weil ihm halt gerade danach ist? Ich war wütend. Auf mich. Auf mein Management. Auf die Gerüchte, die angestoßen wurden. Auf die Medien, die sie dankbar aufgegriffen hatten. Auf Faris, der für mich in diesem Moment für alles stand, was schiefgelaufen war. Das ging doch so nicht mehr.

* * *

Er schien es ähnlich zu sehen. Noch am Renntag rief er mich an und bot mir seinen Rücktritt an. Ich erbat mir noch etwas Bedenkzeit, schließlich hatten wir trotz allem eine enge Beziehung, und ich hatte ihm viel zu verdanken. Er war und ist mein Freund, und ich vertraute ihm nach wie vor. Einen Tag später rief ich ihn aber zurück und nahm sein Angebot an. Es fühlte sich besser an. Ich brauchte einen Neuanfang, auch wenn das bedeutete, dass ich jetzt erst mal ohne alles dastand. Ohne Titel. Ohne Finish. Ohne Trainer. Und ohne einen Plan, wie genau es weitergehen sollte. Ich wusste nur, *dass* es weitergehen sollte. Allerdings erst, nachdem ich wieder ganz gesund geworden war, und zum Glück stand nach der WM ja ohnehin wie üblich meine Off-Season an. Körperlich hätte ich es nicht geschafft, auch nur ansatzweise vernünftig zu trainieren. Ganze vier Wochen lang lag ich flach. Machte keinerlei Sport. Meine erste Radausfahrt, am 12. November, dauerte gerade einmal 45 Minuten. Sie fühlte sich scheiße an – und die Werte meines Garmin bestätigten, dass das nicht nur ein Gefühl war.

* * *

Meine Mutter war inzwischen in ein Hospiz in Nordhessen verlegt worden. Ich verbrachte so viel Zeit wie möglich dort, oft mit einer meiner Schwestern oder mit der ganzen Familie. Manchmal auch allein. Anfang des Jahres 2020 waren wir alle zusammen bei ihr, Jenni, Jaci, mein Vater und ich. Vor dem Fenster hing dichter Nebel, man konnte nicht weit gucken. Alles war so grau und trüb und eng. Ein Gefühl, das wir wohl alle loswerden wollten. Wer von uns es war, weiß ich nicht mehr, aber jemand sagte: »Kommt, wir gehen raus, irgendwo ein bisschen Sonne tanken.« Und so kam er zustande, unser »Ausflug zur Sonne«. Wir packten Mama in mein Auto, uns selbst dazu, und ich ließ den Motor an. Eine ganze Weile kurvten wir durch den hessischen Kellerwald, auf der Suche nach einem Pfad, auf dem wir hoch genug fahren konnten, um den Nebel unter uns zu lassen. Es waren bestimmt nicht alles offizielle Verkehrswege, auf denen wir unterwegs waren, aber das war uns egal: »Scheiß auf gesperrte Wege«, sagte Jenni. »Jeder, der uns anhält, wird es verstehen.«

Wir arbeiteten uns vor in Richtung eines Aussichtspunktes auf einer Anhöhe. Noch immer Nebel. Dicht und grau. Doch dann, 50 Meter vor der Kuppe, riss der Schleier auf, die Bergspitze ragte sonnenbeschienen aus den Wolken hervor. Wunderschön und ein bisschen trotzig. Ich parkte das Auto, und wir machten uns daran, Mama herauszuheben, um langsam mit ihr zum Aussichtspunkt zu gehen. Sie war schon sehr schwach zu dieser Zeit. Aber sie weigerte sich, gestützt zu werden, und bestand darauf, die letzten Meter allein zu gehen. Es war das letzte Mal, dass sie selbst gelaufen ist. Es war ein letzter Spaziergang, der im Himmel endete. Ein intensiver Tag für uns. Ein trauriger. Aber auch ein schöner. Ich weiß noch genau, wie sich die Sonne auf meinem Gesicht angefühlt hat. Wie nah ich mich meiner Familie fühlte. Einen knappen Monat später, ich war gerade im

Trainingslager auf Lanzarote, rief mich meine Schwester an und sagte: »Es ist so weit.«

* * *

Am 25. Februar starb meine Mutter. Ich vermisse sie. Sehr sogar. Doch ich bin dankbar für die Zeit, die ich mit ihr hatte. Für die intensiven Momente, die wir gemeinsam erleben durften, die vielen Kleinigkeiten, die mich an sie erinnern. Und dafür, dass ein friedlicher Abschied möglich war. »Mach bitte weiter«, hatte sie zu mir gesagt. »Du bist der Beste. Das wusste ich schon immer. Du wirst wieder gewinnen.«

Kleines Team, klarer Kopf

Auch wenn Hawaii 2019 mein bisher schlimmster Wettkampf war und ich im Nachhinein denke, dass ich niemals hätte antreten dürfen, war ich danach nicht am Boden zerstört gewesen. Wütend und traurig, ja. Weil der Zeitpunkt so schlecht war für einen Tiefpunkt und weil wir falsch reagiert hatten und das Bild, das in der Öffentlichkeit gezeichnet wurde, einfach nicht der Wahrheit entsprach. Aber im Hinblick auf meine Leistung war ich nicht verzweifelt. Ich war krank, das passiert jedem einmal. Besonders Profisportler sind vor wichtigen Wettkämpfen dermaßen austrainiert, dass schon der kleinste Infekt sie umhauen kann. Das gesamte System balanciert auf einem extrem schmalen Grat. Wenn es gut läuft, kann ein austrainierter Athlet am Tag X seine volle Leistungsfähigkeit abrufen. Wenn es schlecht läuft, holt er sich einen Infekt und beendet das Rennen nicht. Bei mir war in dieser Saison alles schiefgelaufen, was hätte schieflaufen können. Jetzt war der Zeitpunkt für einen Neuanfang, für eine bessere Saison 2020. Noch auf Big Island, nach meinem Telefonat mit Faris, schnappte ich mir ein weißes Blatt Papier, setzte mich hin und schrieb auf, was ich von meinem neuen

Coach erwartete. Ich schreibe mir oft Listen, auch solche, die Pro und Contra gegenüberstellen. Dadurch fällt es mir leichter, meine Gedanken zu ordnen und fundierte Entscheidungen zu treffen. Rund 20 Punkte kamen zusammen, darunter unter anderem:

Er muss mehr tun als nur Pläne schreiben. Ich wollte jemanden, der alles im Blick hatte, was den Sport beeinflusst. Der mich und mein Training so steuerte, dass es auch in Phasen, in denen andere Verpflichtungen mal mehr Zeit beanspruchten, nicht zu viel wurde, aber auch die Leistung nicht darunter litt.

Er muss erreichbar sein, notierte ich außerdem. Klar, mitten in der Nacht würde ich ihn nicht aus dem Bett klingeln, und jeder braucht Urlaub und freie Tage. Aber ich wollte, dass mein neuer Coach mein wichtigster Ansprechpartner wird. Seit Björn und ich zusammenarbeiten, stehen wir fast jeden Tag in irgendeiner Form in Kontakt.

Er muss einen sportwissenschaftlichen Hintergrund haben. Ich wollte nach modernen Grundsätzen trainieren. Nach einem durchdachten Prinzip, dessen Inhalte ich verstand – und wenn das nicht der Fall war, der Coach sie mir erklären konnte.

Er muss zu den Wettkämpfen mitkommen. Er muss sich einbringen. Er muss motiviert sein, waren weitere Stichpunkte, die ich mir aufschrieb. Und: *Er muss sich in mein Team integrieren können und Verantwortung übernehmen.*

* * *

Ein paar namhafte Trainer gingen mir durch den Kopf. Aber die mit Abstand meisten Punkte schienen auf Björn Geesmann zuzutreffen. Ihn kannte ich schon ein wenig, unter anderem von einer Aero-Optimierung, bei der er mit vor Ort war, und auch über meinen Trainingskollegen Boris Stein. Die beiden arbeiteten schon eine Weile zusammen, und ich fragte Boris, wie er diese Zusammenarbeit so findet, und ob er grundsätzlich Einwände hätte, wenn ich unter dem gleichen Coach trainieren würde wie er. Hatte er nicht. Mir war Björn grundsätzlich sympathisch, und mir gefiel auch die Vorstellung, dass ich mit Boris schon einen Athleten kannte, mit dem ich beim gleichen Coach perspektivisch zusammen trainieren könnte. Was Boris erzählte, hörte sich auch gut für mich an. So, als könnte es genau das sein, was ich suchte. Als es mir wieder ein wenig besser ging, fühlte ich bei einem Sponsoren-Dinner in Kona, zu dem auch Björn eingeladen war, vor, ob er grundsätzlich Interesse daran hätte, mich zu coachen. Er reagierte relativ nüchtern, war aber durchaus offen für eine Zusammenarbeit. Die Reaktion gefiel mir, ich wollte niemanden, der vor Begeisterung halb in Ohnmacht fiel, weil er Weltmeister-Coach werden könnte. Außerdem war mir durchaus klar, dass es für einen Coach auch eine Bürde sein konnte, jemanden zu trainieren, der zweimal Hawaii gewonnen hatte. Auch der Trainer würde deutlich mehr in der Öffentlichkeit stehen, die Erwartungshaltung der Fans und Medien an ihn in puncto Erfolg würde eine ganz andere sein. Außerdem wollte ich, dass mein neuer Coach neben den Wettkämpfen auch zu Trainingscamps mitkam, was einiges an Reiseaufwand bedeutete und Zeit, die von seinem Privatleben abging. Ebenfalls nichts, dem man mal mir nichts dir nichts zustimmen sollte.

Als Björn mich einige Wochen später in Salzburg besuchte, damit wir uns besser kennenlernten, bevor wir eine Entscheidung trafen, legte ich ihm meine 20-Punkte-Liste vor. Ich hätte es verstanden, wenn er irritiert gewesen wäre, schließlich waren wir hier nicht bei der Partnervermittlung. Doch er betrachtete sie gelassen und interessiert. Mehr noch: Er fand es gut, dass ich mir solche tiefgreifenden Gedanken darüber gemacht hatte, was ich von einem Trainer erwartete. Er lässt das Sportler selbst oft machen, bevor er sie unter seine Fittiche nimmt. Außerdem sagte er, dass unsere Erwartungen und Zielsetzungen übereinstimmen müssten. Das sei wichtig für eine Zusammenarbeit. Wäre ich überambitioniert gewesen und hätte irgendwas vorgehabt wie »Ich will in den nächsten fünf Jahren noch viermal auf Hawaii gewinnen«, wären wir wohl nicht zusammengekommen. Um solche Ansagen zu machen oder das auch nur zu denken, hatte ich aber schon zu viel in diesem Sport erlebt. Ich wusste, dass die persönliche sportliche Entwicklung zu einem gewissen Grad planbar war, ganz oben auf dem Podest zu stehen aber keineswegs. Also gingen wir so realistisch wie möglich an die Sache heran und definierten als Ziel, in den nächsten drei Jahren einen WM-Titel in

Kona zu holen. Das empfanden wir beide als machbar und motivierend.

* * *

Im Dezember 2019 begann unsere Zusammenarbeit. Und auch die mit Stefan Westbrock, einem Fachmann für Mentaltraining. Björn steckte gerade selbst in einer Ausbildung zum Mentalcoach, hatte gute Erfahrungen mit einem solchen Training gemacht und vorgeschlagen, dass es sinnvoll sein könnte, mich ebenfalls einmal mit einem Mentalcoach zu unterhalten. Obwohl ich Björn noch nicht so gut kannte, war ich spontan sehr angetan von dieser Idee. Ich vertraute ihm und seiner Einschätzung. Vielleicht konnte ich so meine mentale Toolbox, die derzeit noch sehr spärlich ausgestattet war, um ein paar Werkzeuge erweitern, die mich vor Tiefpunkten wie in 2019 bewahrten. Oder mich zumindest besser mit ihnen umgehen ließen.

Tatsächlich habe ich das Gefühl, dass das funktioniert hat. Stefan und ich sprechen regelmäßig einmal im Monat miteinander, bis auf ein persönliches Treffen in Darmstadt ganz am Anfang wickeln wir das coronabedingt meist auf Facetime oder Skype ab. Seine Herangehensweise faszinierte mich von Anfang an. Zuerst ließ er mich einen Persönlichkeitstest machen, den er speziell auf Athleten zugeschnitten hatte und bei dem herauskam, dass ich ein Teamplayer bin. Jemand, dem die Menschen in seinem Umfeld wichtig sind. Der harmoniebedürftig ist und Erfüllung darin findet, wenn es den Menschen, die ihm wichtig sind, gut geht. Das war alles nichts, auf das ich mit etwas Nachdenken nicht auch hätte kommen können. Lauter Dinge, die ich tief in mir drin wusste. Aber es schwarz auf weiß nochmals vor Augen geführt zu bekommen war wichtig. Für mich und für die Menschen, die beruflich und privat mit mir zu tun hatten. Denn mit dem professionell verbrieften Wissen darum, wie ich tickte, war es möglich, meine Bedürfnisse zu berücksichtigen und die Ansprüche an Trainings-, Alltags- und Wettkampfgestaltung zu definieren, die meine Persönlichkeitsstruktur mit sich brachte. Genau das taten wir – und setzten zum Beispiel bei meinem zuletzt immens gewachsenen Wettkampftross an. Ab sofort würde ich nur noch mit einem winzigen Team zu den Rennen reisen: Coach, Physio, ich. Manchmal Julia, aber selbst sie ist nicht mehr immer dabei. Weil sie ihre eigene Karriere hat – sie koordiniert mittlerweile nicht mehr meine Social-Media-Accounts. Aber auch, weil ich dann nicht das Bedürfnis habe, mich um sie zu kümmern, wenn ich mich eigentlich auf den Wettkampf konzentrieren sollte.

Von Anfang an sprachen Stefan und ich auf Augenhöhe. Es war ein wirklicher Dialog. Das machte es mir leichter, mich zu öffnen. Stefan gibt mir keine Ratschläge, sondern stellt Fragen, die mir helfen, selbst die Lösung für Probleme zu finden. Ich bin offener geworden, auch für Meditation, und mache regelmäßig geleitete Sessions per App oder auf Spotify. Ich habe gelernt, Situationen von außen zu betrachten. Mich selbst zu reflektieren. Vorher war ich vor Wettkämpfen oft so nervös, dass ich mich selbst nicht mehr leiden konnte. Das regte mich dann noch mehr auf, und rein ging es in die Abwärtsspirale.

* * *

Jetzt kann ich sagen: »Okay, ich bin nervös. Ich lasse das jetzt fünf Minuten zu. Das ist gut. Nun lasse ich das Gefühl vorbeigehen.« Meist funktioniert es. Panikattacken wie im Hotel in Frankfurt hatte ich schon lange keine mehr.

Ich lerne immer mehr über die Rolle und die Macht des Kopfes und dass ich ihn genauso ernst nehmen und trainieren muss wie meinen Körper.

Um die Voraussetzungen für die »Kopfarbeit« zu schaffen, analysierten Stefan und ich nach dem Persönlichkeitstest konkret mein Umfeld. Er bat mich, mit Farben aufzumalen, welche Personen mir guttun, welche Gespräche mir etwas geben, wen ich wie intensiv in meinem Leben haben wollte. Dafür bekam ich von ihm ein Blatt, auf das ein Kreis gedruckt war. Er hatte einen grünen Innenring, in den ich diejenigen schreiben sollte, die mich unterstützen und mir guttaten. In den roten Außenbereich kamen die Menschen, die mir

Energie raubten. Diese optische Darstellung und das bewusste Sortieren nach »nah an mich ran« und »weiter weg von mir« halfen mir, klarer zu sehen. Doch das Schwierigste war, diese Erkenntnisse umzusetzen. Als harmoniebedürftiger Mensch musste ich nun anderen sagen, dass ich sie in gewissen Situationen nicht mehr um mich haben möchte. Das tat manchmal ganz schön weh. Einige, die sich als essenziellen Teil des Teams betrachtet hatten, fühlten sich angegriffen und reagierten verärgert. Ich musste lernen, damit zu leben, dass mich Menschen, die ich persönlich kannte, nicht mehr nett fanden. Ich musste lernen, Konflikte auszuhalten. Aber die Erfolge im Jahr 2021, mit einem kleinen ausgewählten Team, rechtfertigten diese Strategie. Sie zeigten, dass es sich gelohnt hatte, mich in solch unangenehme Situationen zu begeben. Im Zuge dieses »Sortierens« lernte ich auch, klarer zu kommunizieren, was ich gerade brauchte. Das ging schon bei Kleinigkeiten los wie der Absage einer Restauranteinladung: »Danke, dass du fragst, aber ich möchte heute nicht mit zum Essen gehen.« Vorher wäre ich auf jeden Fall mitgekommen, um niemanden vor den Kopf zu stoßen. Dabei bringt es keinem etwas, wenn ich dann still und schlecht gelaunt am Tisch sitze, weil ich lieber auf dem Sofa geblieben wäre.

Mittlerweile kann ich Dinge besser annehmen, auch negative, ich ruhe mehr in mir selbst. Das macht sich sogar in meiner Radhaltung bemerkbar. In Tulsa und Roth 2021 saß ich beispielsweise viel stabiler auf dem

Bike, obwohl die Aeroposition identisch mit der vom Vorjahr war. Der einzige Unterschied zu vorher ist, dass mein Kopf nicht mehr brüllt: »Versuch es mit der Brechstange! Das muss doch gehen!« Er blockiert meine Leistung nicht mehr, sondern sagt: »Bleib in der Situation. Bleib ruhig. Mach dein Ding.« Und er meint es so. Es sind nicht nur Worte, die mir im Kopf herumfliegen. Es fühlt sich wirklich so an. Ich bin hier. Ich tue, was ich kann. Inzwischen kann ich auf dem Rad sogar gewisse Körperpartien bewusst entspannen – und so im Wettkampf Energie sparen für das abschließende Laufen.

* * *

Nur über den Kopf und ganz ohne körperliches Training ging es natürlich nicht. Deshalb flogen Björn und ich im Dezember 2019 für drei Wochen nach Mallorca. Er war als Coach dabei, nicht als Trainingspartner. Das war neu für mich. Björn mietete sich ein Auto und begleitete damit viele meiner Radausfahrten. Am Abend tauschten wir uns über den Tag aus. Nicht übertrieben, nur darüber, was gut war und was nicht so gut, damit er wusste, ob er nachjustieren musste. Er ließ sogar seinen Kollegen und Bikefitting-Experten Jonas Kraienhorst einfliegen, um vor Ort noch mal an meiner Sitzposition auf dem Rad zu feilen. Kurz: In allem, was er tat, machte Björn sehr klar, dass er Bock auf die Sache hatte. Dass er sich einbringen wollte.

In diesen drei Mallorca-Wochen verbrachten wir viel Zeit miteinander. Lernten uns besser kennen. Björn war witzig, ein entspannter Kerl. Aber auch jemand, der genau wusste, was er tat. Der ein unfassbares Wissen hatte, wenn es um Training, Ernährung und Betreuung von Ausdauersportlern ging.

Unser Verhältnis heute ist intensiver und ganzheitlicher als das mit Faris. Wir haben deutlich mehr Kontakt. Björn bremst, wenn er bremsen muss, und drückt aufs Gas, wenn er aufs Gas drücken muss. Gerade das Bremsen, das kannte ich bisher nicht. Jetzt laufe ich deutlich öfter auch mal eine lockere Einheit, das hätte ich mich früher gar nicht getraut. Ohne arrogant klingen zu wollen: Mal ein Schnitt über vier Minuten pro Kilometer ist gewollt und okay. Nicht, dass Faris das anders gesehen hätte, aber ich selbst hatte den Anspruch an mich, immer eine gewisse Grundgeschwindigkeit anzuschlagen. Björn möchte einen genauen Eindruck davon haben, was ich mache. Er fordert detailliertes Feedback und fragt dafür nicht nur mich, sondern auch meinen Physiotherapeuten. Es kommt nämlich durchaus vor, dass ich behaupte, mich ganz grandios zu fühlen - und es auch so meine. Mein Physio aber bemerkt bei der Behandlung dann vielleicht doch, dass zum Beispiel der Rücken verspannter ist, als ich es wahrnehme, und wir das in der Planung berücksichtigen müssen, damit ich langfristig belastbar bleibe.

Meine Trainingspläne bekomme ich maximal zwei Wochen im Voraus. Wenn ich nach einer Pause wieder anfange zu trainieren, schickt sie mir Björn mit einem Vorlauf von zwei bis drei Tagen, um flexibel reagieren zu können. Von Anfang an vermittelte er mir professionell, was wir machen und warum. Das motivierte mich und vertiefte mein Vertrauen in meinen Coach. Ich fand wieder Spaß am Sport. Meine Leistungsfähigkeit kam nicht nur zurück, sie stieg über das Pensum hinaus, was ich vorher zu leisten in der Lage gewesen war. Man könnte sagen: Ich hatte richtig Bumms. In den Beinen und auch im Kopf! Im Januar und Februar 2020 waren nochmals zwei Trainingscamps mit dem Team Erdinger Alkoholfrei auf Lanzarote angesetzt. Danach ein zweites Mal Mallorca mit Björn, bevor ich mit der Challenge Salou im April in die Wettkampfsaison starten wollte. Geplant war eine weitere Mitteldistanz und der Ironman Frankfurt als Langdistanz vor Hawaii. Hätte gut werden können. Doch dann kam Corona und wirbelte alle Pläne durcheinander.

Wenn plötzlich nichts mehr planbar ist

Im März, noch vor dem ersten Lockdown, steckten Julia und ich uns mit dem Virus an. Mein Cousin hatte uns in Salzburg besucht, war zuvor zum Skifahren in Ischgl gewesen und hatte es mit eingeschleppt. Während Julia richtig flachlag, mit Fieber und starken Gliederschmerzen, hatte ich deutlich mildere Symptome. Eigentlich ging es mir recht gut. Aber irgendwie doch nicht. Meine Herzfrequenz war unter Belastung 15 Schläge höher als normal, die Leistungsdaten dafür niedriger, ich regenerierte deutlich langsamer. Irgendwas gärte da in mir. Erst dachten wir, es sei nur eine Erkältung. Björn und ich legten immer wieder zwei, drei Tage Pause ein. Fingen dann wieder an mit sachter Belastung. Aber es dauerte knapp zwei Monate, bis ich wieder komplett hergestellt war. Flächendeckende Corona-Tests oder Quarantänevorgaben existierten zu diesem Zeitpunkt noch nicht. Trotzdem zogen Julia und ich uns zurück, mieden Kontakte und hofften auf das Beste – das ausblieb. Es begann, was wohl jeder in irgendeiner Form während der Pandemie erlebt hat: ein ständiges Auf und Ab und Hin und Her, Hoffen und Frust,

Planen und Über-den-Haufen-Werfen. Zunächst gingen Björn und ich davon aus, dass alles in ein paar Wochen, vielleicht Monaten, vorbei sein würde. Wir schmiedeten Pläne für Wettkämpfe und Trainingscamps. Die fielen wegen Reisebeschränkungen meist ins Wasser. Wir machten neue Pläne, die wir erneut über den Haufen werfen mussten.

Gerade am Anfang der Pandemie hatte ich Phasen, in denen ich sehr haderte mit der Situation und dachte: *Krass, ich bin saufit, habe mich aus dem Loch rausgearbeitet, und jetzt falle ich wieder rein.* Aber es ging ja allen so. Es gab einen triftigen Grund dafür, dass keine Rennen stattfanden. Ich versuchte, geduldig zu sein, und es half, dass Björn zumindest mir gegenüber die Ruhe bewahrte und abwiegelte: »Bleib cool, wer weiß, was noch alles passiert. Wir haben noch einige Monate Zeit.« Es war trotzdem zäh. Eine komplett neue Situation. Im August war ich noch sicher gewesen, dass die Pandemie im Winter überstanden sein und Hawaii im Oktober des darauffolgenden Jahres stattfinden würde. Nun sah das Ganze nach einer ziemlich ernsten, langwierigen Sache aus, von der keiner so richtig wusste, wie sie ausgehen würde.

***

Bei allem Frust über die Situation war mir aber auch klar, wie privilegiert ich war. Ich war wieder gesund, hatte keine existenziellen Sorgen. Meine Sponsoren hielten zu mir, sagten: »Das ist für alle eine harte Zeit, da müssen wir zusammen durch.« Dieser Zusammenhalt stärkte mich. Der komplette Stillstand, die ganzen Rennabsagen, all das machte mir zudem bewusst, wie sehr ich den Triathlonsport noch immer liebte. Wie sehr mir die Wettkämpfe fehlten. 2019 hatte ich Phasen gehabt, in denen ich keinen Grund mehr für mich fand, warum ich das machte. Da war nur Druck. Zwang. Negativität. Ich war mir zeitweise nicht mehr sicher gewesen, ob ich das wollte. Hätte nicht mehr sagen können, was mich antrieb. Durch die erzwungene Pause fand ich einen neuen Zugang zum Sport. Ich merkte wieder, wie wichtig er mir war. Da es in absehbarer Zeit jedoch keine Möglichkeit zu geben schien, diese Erkenntnis in Wettkampfergebnisse umzusetzen, feilten wir an Schwachstellen, für die wir sonst nicht so viel Zeit gehabt hätten.

Mit Stefan Westbrock arbeitete ich am mentalen Setup, mit physiotherapeutischer Unterstützung an meinem Rücken. Im Sommer 2020 hatte ich einen kleinen Bandscheibenvorfall, eine sogenannte Protrusion, erlitten. Probleme mit dem Rücken gab es aber schon vorher. Denn als Kleinkind, das gerade einmal laufen gelernt hatte, war ich in vollem Lauf über ein Spielzeugauto gestolpert und hatte mir dabei meinen linken Oberschenkel gebrochen. Noch heute ziert eine 30 Zentimeter lange Narbe meine Oberschenkelflanke. Darüber hinaus ist das linke Bein eineinhalb Zentimeter länger als das rechte. Beim Laufen, wo ich den Boden immer nur kurz berührte, konnte ich das Ganze gut ausgleichen, beim Schwimmen und auf dem Rad merkte ich davon nichts. Denn ich hatte von meinem ehemaligen Trainer Martin Zülch, der ebenfalls eine Beinlängenverkürzung hat, abgeschaut, mit zwei übereinander verschraubten Schuhplatten zu fahren; seit 2019 habe ich nun ein Pedalsystem mit sogenannten Stackern, um den Unterschied auszugleichen.

Ansonsten hatte ich aber in allen möglichen Situationen Probleme: Schon wenn ich mein Rad aus dem Koffer nahm und aufbaute, was etwa 45 Minuten dauerte, bekam ich durch die gebückte Haltung Rückenschmerzen. Oft tat mir abends mein Rücken so weh, dass ich nicht in meiner Lieblingsposition, auf dem Bauch, schlafen konnte. Langes Gehen bereitete mir – einem Ironman-Weltmeister! – ebenfalls Schmerzen, was mich zwar vor ausgiebigen Einkaufsbummeln in der Fußgängerzone bewahrte, die Situation aber nicht besser machte. Durch verschiedene Kraft- und Koordinationsübungen, die mein Physio mir zeigte, lernte ich, die entsprechenden Muskeln gezielt anzusteuern. Ich bin generell kräftiger geworden. Die Schmerzen sind weg.

* * *

Außerdem schloss ich mich der Schwimmgruppe des Salzburger Triathlonverbands unter der Leitung von Anton Kesselbacher an und schwamm gezielt größere Umfänge. Und ich arbeitete an meiner Fahrtechnik auf dem Rad. Enorm hilfreich waren dabei meine neuen Trainingspartner und mittlerweile engen Freunde Gregor Mühlberger, Sebastian Schönberger und Daniel Reiter. Gregor und Sebastian sind Radprofis und leben ebenfalls in Salzburg.

In der Gruppe zu trainieren motiviert mich, pusht mich – und macht einfach Spaß.

Zu meinem Glück machte und macht es den beiden nichts aus, hin und wieder auf mich zu warten. Wenn ich nicht um neun Uhr morgens losfahren kann, weil ich grundsätzlich um sieben Uhr Schwimmtraining habe, verschieben sie die Trainingsrunde entweder auf zehn Uhr oder fahren schon mal eine Schleife und kommen mir entgegen. Zu Beginn mussten sie auch nach längeren Abfahrten grundsätzlich im Tal warten, bis ich mich nach unten gebremst hatte. Generell hatte ich gedacht, dass ich technisch ein guter Radfahrer sei. Das Training mit den Jungs zeigte mir dann aber, was Radbeherrschung wirklich bedeutet. Ich schaute mir jede Menge ab von den beiden.

Irgendwann traute ich mich, die Bremsen aufzumachen, es bergab laufen zu lassen. Jetzt komme ich meistens mit ihnen zusammen unten an (oder zumindest nicht viel später). Ich bringe mehr Kraft aufs Pedal, weil ich im Training mit den Spezialisten grundsätzlich 20 bis 30 Watt mehr treten muss, als ich das allein getan hätte. Kurz: Gregor, Sebastian und Daniel haben mir sehr geholfen, ein besserer Radfahrer zu werden. Technisch und taktisch.

* * *

Kennengelernt haben Gregor und ich uns über ein Haus. Einen Rohbau. In dessen Keller standen Julia und ich Ende 2019 und überlegten, ob uns 60 Quadratmeter Keller groß genug waren, um das Haus zu kaufen. »Das klingt komisch, aber wissen Sie, der Keller ist echt wichtig für uns. Wir brauchen ihn für die Fahrräder«, erklärte meine Frau der Maklerin. Tatsächlich hatten wir vor, im Keller ein kleines Sportstudio einzurichten: Smarttrainer für unsere Bikes, Laufband, Ausrüstung fürs Athletik- und Krafttraining ... Ich wollte sicherstellen, dass ich zu jeder Zeit alle Bereiche trainieren konnte, bis aufs Schwimmen. Aber eine Gegenstromanlage hätte dann doch nicht mehr reingepasst. Die Maklerin schien wenig erstaunt darüber zu sein: »Ach, da war kürzlich schon ein anderes junges Pärchen da. Die haben das Gleiche gesagt. Er war Radprofi, Mühlbacher oder -burger oder so«, erzählte sie. Wir wurden hellhörig. Einen Trainingspartner für mich vor Ort zu haben, das wäre was. Julia recherchierte im Internet, fand den korrekten Namen heraus und schrieb seine Frau Astrid auf Instagram an. Sie sind heute ebenfalls gut befreundet, auch wenn sie nicht so viel Zeit zusammen verbringen wie Gregor und ich. Zudem war Björn der Coach von Gregor und Sebastian in deren

U23-Zeit gewesen, er weiß daher, mit welchen Kalibern ich es zeitweise aufzunehmen habe.

* * *

Apropos: Die erste Gelegenheit, das Erarbeitete im Wettkampf zu zeigen, bot sich beim Ironman 70.3 Gdynia in Polen Anfang September 2020. Es war eines der wenigen Rennen, die trotz Pandemie stattfanden, und ich freute mich riesig darauf. Auch auf die Chance, die schlechten Erinnerungen an die letzten Rennen mit einer neuen, positiven zu überschreiben. Leider kamen am Tag vor dem Rennen die Dämonen zurück. Mein Kopf spielte sein über die Jahre eingeschliffenes Standardprogramm ab. Ich begann zu zweifeln, spürte ein unnötig hohes Level an Muskelanspannung bei mir. Ganz klar: Ich war mental noch nicht da, wo ich sein wollte. Es dauerte eine ganze Weile, bis ich ins Rennen fand. Die Routine war weg, die Stimmung komisch so ganz ohne Zuschauer. Dafür Masken und Hygienekonzept. Auf dem Rad fuhr ich nur die zehntschnellste Zeit: 2:06:58 Stunden. Das war weit unter dem, was laut Trainingsergebnissen hätte möglich sein müssen. Dafür lief ich umso besser und legte mit 1:10:04 Stunden sogar meine persönliche Bestzeit über die Halbmarathondistanz hin – auch wenn im Ziel die Uhr bei 1:11:08 Stunden stehen blieb, weil die Strecke ein wenig zu lang war. Zum Glück für mich, denn im Zielsprint konnte ich noch den dritten Platz ergattern. Ein solides Ergebnis, vor allem im Vergleich zu den Flops in 2019. Aber was, verdammt noch mal, war auf dem Rad los gewesen?

Bevor ich mich in irgendwelche Zweifel an mir, meinen Radfähigkeiten und dem Training hineinsteigern konnte, nahm Björn mich zur Seite. Ruhig dröselte er mir die 90 Kilometer aus sportwissenschaftlicher Sicht auf und machte mir klar, dass der schlechte Radsplit nicht an der reinen Leistung lag, sondern daran, dass ich mich schlicht blöd verhalten hatte: »Du musst anders taktieren und deine Kräfte besser einteilen«, sagte er. Seitdem besprechen wir vor jedem Wettkampf, wie die Renntaktik aussehen könnte, wo sich attackieren ließe, um das Feld auseinanderzunehmen, und wie schnell ich anschließend laufen soll. Natürlich geht nicht immer alles glatt. Aber wenn uns ein Fehler unterläuft, dann denken wir darüber nach, wie wir es besser machen können, und ändern es beim nächsten Mal. Björn ist sehr analytisch und holt mich runter, wenn ich in Drucksituationen die Dinge zu negativ sehe. Er weiß, was ich brauche, um vor einem Wettkampf entspannt zu bleiben: Welche Termine müssen sein, welche können (oder sollten) abgesagt werden und welche Leute tun mir in welcher Phase gut? Wir sprechen über die Renngestaltung, aber auch viel über andere Themen, wie zum Beispiel Politik, um mich abzulenken.

Volles Risiko

Nach dem Rennen im polnischen Gdynia bekamen wir allerdings pandemiebedingt eine ganze Weile lang keine Gelegenheit mehr, an meiner und unserer gemeinsamen Wettkampfroutine zu feilen. Die ersten Monate im Jahr 2021 wurden zur Wiederholung von 2020: Wir peilten ein Trainingscamp an, das fiel aus wegen Reiseverbot. Wir meldeten für ein Rennen, das wegen zu hoher Inzidenzen abgesagt wurde. Es war frustrierend. Umso mehr freute ich mich, als sich abzeichnete, dass die Challenge Gran Canaria, eine Mitteldistanz Ende April, stattfinden würde.

* * *

Wir hatten uns das Rennen ausgesucht, weil es gut in meinen Saisonaufbau passte und ich die Insel schon von Trainingscamps kannte. Außerdem hatten wir für den Ironman Tulsa im Mai gemeldet und wollten als Vorbereitungswettkampf ein Rennen mit ähnlichen Bedingungen – wir erwarteten ein Hitzerennen in Amerika, da eigneten sich die Kanaren zur Vorbereitung gut. Es war Björns und mein zweiter gemeinsamer Wettkampf, obwohl wir bereits seit über einem Jahr zusammenarbeiteten. Entsprechend wichtig und notwendig war es, die Abläufe zu professionalisieren.

Je länger eine Triathlondistanz wird, desto mehr geht es darum, Fehler zu vermeiden.

Damit das gelingt, hilft es, vorher den Wettkampf schon ein paarmal im Kopf durchgegangen zu sein. Wir setzten uns also zusammen und besprachen, wo es haken könnte, an welchen Bergen ich welche Wattzahlen treten konnte, wen der anderen Athleten ich im Fall einer Attacke fahren lassen sollte und wen nicht. In dieser Analyse – und auch in vielen folgenden – zeigte sich, wie gut meine Praxiserfahrung und Björns sportwissenschaftliches Wissen ineinandergriffen. Ich weiß genau, wie viel Watt ich treten oder welche Pace ich auf einer bestimmten Strecke laufen kann. Björn schafft dann das Setting, in dem ich auf meine Leistung vertrauen und ruhig bleiben kann, wenn bestimmte Szenarien eintreten. Er kann hochrechnen, wie viel Watt Athlet XY treten müsste, um bei einer Attacke wegzukommen. Er kann einschätzen, ob XY diese Leistung realistisch erbringen beziehungsweise halten kann und ob ihm das beim Laufen dann auf die Füße fällt oder nicht. Solche Gedankenspiele helfen mir, eine gewisse Gelassenheit im Rennen zu behalten.

Zumal in Gran Canaria ein sehr starkes Starterfeld angetreten war: Jan Frodeno, Nils Frommhold, Andreas

Böcherer, Nick Kastelein, Frederic Funk ... alle waren heiß auf das Kräftemessen! Auch ich. Ich war froh und dankbar, dass das endlich wieder möglich war. Doch es war ungewohnt, überhaupt nicht zu wissen, wo ich im Vergleich zu den anderen stand. Klar, ich kannte meine Daten aus Training und Leistungsdiagnostik. Die waren gut. Sehr gut sogar. Aber ich hatte keine Ahnung, wie gut die der anderen waren. Deshalb war das Ziel dieses Rennens auch keine bestimmte Zeit oder Platzierung, sondern eine Standortbestimmung. Wir wollten eine Ansage bekommen, wo ich stand, um dann mit Hinblick auf Tulsa und das große Ziel – Hawaii – präzise Anpassungen vornehmen zu können.

* * *

Doch auch wenn wir nichts über den konkreten Leistungsstand der anderen wussten: Uns war klar, dass Jan Frodeno auf Gran Canaria aller Voraussicht nach das Maß aller Dinge sein würde. Entsprechend legten Björn und ich unsere Renntaktik an: Ich sollte im Schwimmen möglichst nah an ihm dranbleiben. Beim Radfahren würde ich es mir unter Umständen erlauben können, etwas Boden ihm gegenüber zu verlieren, im Laufen galt es dann, wieder möglichst nah heranzukommen, um ihn unter Druck zu setzen, bestenfalls an ihm vorbeizulaufen. Wir hatten uns die Strecke genau angeschaut und vor allem das Bike-Set-up entsprechend auf den hügeligen, winkeligen Radkurs abgestimmt. Hinten wollte ich ein Scheibenrad fahren. Meine Partner von Swiss Side hatten im Vorfeld viel herumgerechnet, Daten verglichen und waren zu dem Schluss gekommen, dass eine Scheibe die schnellste Variante für die zu erwartenden Bedingungen sein würde. Mein Rad war komplett neu, aber da Canyon mit Jens Neubert einen Top-Mechaniker vor Ort hatte, machte ich mir keine Gedanken, dass etwas schiefgehen könnte. Im Gegenteil, ich fühlte mich auf meinem Geschoss sehr wohl, es fuhr sich noch komfortabler, ich saß nochmals stabiler im Sattel. Und ich hatte Bock zu zeigen, dass ich auf dem Rad – ob neu oder nicht – durchaus Akzente setzen konnte. Ich hatte Lust anzugreifen.

Auch auf der Laufstrecke, die in vier Runden bis auf ein paar Schlenker größtenteils an der Strandpromenade entlangführte. Sie würde mir liegen, mit ihren vielen engen Kurven und kleinen Erhöhungen, die ein ständiges Abbremsen und Wiederanlaufen erforderten. Das kannte ich aus den Crossläufen in meiner Jugend, bei denen ich immer gut gewesen war. Außerdem habe ich als kleiner Athlet einen tieferen Schwerpunkt, dadurch bin ich wendiger in engen oder verwinkelten Kehren. Ich war so ruhig und zuversichtlich wie selten vor einem Wettkampf. Mein neuer, strukturierter Trainingsablauf gab mir das Gefühl, alles getan zu haben, um mein Bestes geben zu können. Wenn man an diesen Punkt kommt, an dem man sich nicht fragen muss, was gewesen wäre, wenn, lassen sich auch Niederlagen leichter akzeptieren. Ich hatte nichts zu verlieren. Auf eine gute Weise.

* * *

Für den Rennmorgen war Regen angesagt. Als wir Profimänner mit unseren gelben Badekappen am Strand standen und auf den Startschuss warteten, stimmte diese Prognose auch noch ungefähr: Es hingen graue Wolken am Himmel über den weißen Hotelkomplexen, in der Nacht hatte es geregnet. Ich starrte auf den Schwimmkurs, der mit großen roten Bojen gekennzeichnet war, schaute mir an, wo wir schwimmen würden. Kurzfristig war die Richtung geändert worden: Nun beschrieb die Schwimmstrecke eine Linkskurve, ich atme aber nach rechts, schaute also nach außen. Nicht optimal, aber was soll's. Es lief auch ziemlich gut, zumindest auf der ersten von zwei Runden, ich war vorn dabei. Danach wurde es etwas schwieriger, weil enger. Denn nun waren auch die Agegrouper auf der Strecke – es entstand ein ziemliches Gewusel, es pflügten schlicht zu viele Athleten durchs Wasser. Ein bisschen Zeit dürfte mich das gekostet haben, aber es waren ja die gleichen Bedingungen für alle. Also Haken dran und weiter. Immerhin kam ich dennoch nach 22:29 Minuten, und damit nur gut 40 Sekunden hinter der Spitze um Andrea Salvisberg, Sam Laidlow und Jan Frodeno, auf Rang neun aus dem Meer.

Kein großer Abstand, aber die Jungs vorn begannen sofort, ein echtes Rennen zu fahren auf dem anspruchsvollen Radkurs, der auf jeder der vier gut 22 Kilometer langen Runden 350 Höhenmeter aufbot. Die Strecke führte anfangs leicht bergan, danach ging es auf eine Abfahrt, eine lang gezogene Kurve, hinter der sich noch mehr weiße Hotels in den Fels drückten. Eine Kulisse, vor der Jan Frodeno früh eine Lücke riss. Das wollte Sam Laidlow hinter ihm nicht durchgehen lassen. Er schaffte es, die Führung zu übernehmen, stürzte aber auf einem Abschnitt, der aufgrund des nächtlichen Regens noch feucht war. Auch Frodo rutschte das Vorderrad leicht weg, doch er fing sich wieder.

Ich war in der Verfolgergruppe unter anderem mit meinen beiden Erdinger-Kollegen Frederic Funk und Nils Frommhold unterwegs. Ein ungeplanter blauer Bike-Zug, in dem wir natürlich darauf achteten, nicht gegen das Windschattenverbot zu verstoßen. Ich hatte mich vor Andi Böcherer an die Spitze der Gruppe gesetzt und war in der Lage, konstant hohe Leistung zu fahren. Darauf verlassen, dass die anderen mit nach vorn ziehen, wollte ich mich nicht. Ich wollte sehen, was drin ist. Immer wieder ging ich aus dem Sattel, trat an und attackierte. Ich versuchte, eine Lücke zwischen mich und die anderen zu reißen. Langsam kamen wir der Führungsgruppe näher. Auf der letzten Runde, ungefähr bei Kilometer 70, zog Andi dann doch noch an mir vorbei. Er schloss zur Spitze auf und kam quasi zeitgleich mit Jan Frodeno in die zweite Wechselzone. Mit 1:12 Minuten Abstand stieg ich vom Rad, kurz darauf die anderen Erdinger-Jungs aus meiner Gruppe.

Das Wechselzelt wimmelte vor blauen Anzügen, dazwischen in Schwarz-Rot Nick Kastelein, mit dem ich wenig später auf die Laufstrecke rannte. Wir lieferten uns auf der Promenade ein Duell Schulter an Schulter: Mal war er einen Tick vorn, mal ich. Keiner hatte vor nachzugeben. Wir sammelten Athleten ein, auch Andi Böcherer. Jetzt waren wir auf Podiumskurs. Ein paar Schritte lang war Nick auf Platz drei und ich auf vier, bei der nächsten Kehre war es wieder umgekehrt. Immer wieder setzten wir Attacken, zogen das Tempo kurz an, versuchten, den anderen abzuhängen oder besser noch dazu zu bringen zu überziehen. Bald schlossen wir zu Pablo Dapena González auf, dem letzten Athleten zwischen uns und dem führenden Jan Frodeno. An einer der Spitzkehren kam er uns entgegen. Das war kein großer Abstand mehr. Wir saugten uns ran. Zack, vorbei. »Du bist auf zwei! Versuchs noch mal, geh noch mal volles Risiko!«, brüllte Björn, der am Streckenrand kurz vor der verwaisten Partymeile stand und anfeuernd klatschte, als ich vorbeirannte.

Für einen Moment war es mir gelungen, Nick abzuschütteln. Das war ungefähr bei Kilometer zwölf. Hoch motiviert zog ich das Tempo an, frei nach dem Motto: Was der Coach sagt, wird gemacht. Inzwischen weiß Björn, dass er seine Worte genau wählen muss, wenn er mir im Wettkampf etwas zuruft. Volles Risiko heißt für mich volles Risiko. Ich beschleunigte, knapp drei Kilometer lief ich mit einer Pace von 3:15 Minuten. Der Abstand zu Jan Frodeno wurde kleiner, weshalb ich umso mehr aufs Gaspedal drückte. Es hätte gut gehen können. Tat es aber nicht. Ich hatte einen Hauch zu viel riskiert, konnte die Geschwindigkeit nicht mehr halten. Da war nicht mehr viel in den Beinen, das bekam ich nun deutlich zu spüren. Frodeno war weg – und ich musste auch Pablo Dapena González und Nick Kastelein an mir vorbeiziehen lassen. Vierter Platz.

* * *

Natürlich hätte ich mich nun ärgern können. Darüber, dass ich überzogen hatte. Darüber, dass ich so knapp am Podium vorbeigeschrammt war. Aber ich war zufrieden. Das alles war vollkommen in Ordnung, so wie es war. Ich hatte genau das erreicht, was wir hatten erreichen wollen: Ich wusste, wo ich stand. Und auch wenn ich ihn nicht wirklich unter Druck hatte setzen können, machte mir Frodo doch noch ein wunderbares Kompliment. In einem Interview nach dem Rennen sagte er: »Patrick hat sich wie ein Champion verhalten. Er ist als Athlet gewachsen. Ich freue mich auf das, was auf der Langdistanz kommt.«

Der Knoten platzt

Diese Langdistanz, die da kommen sollte, war der Ironman im US-amerikanischen Tulsa. Obwohl ich meinen Startplatz für die Weltmeisterschaft im Oktober schon sicher hatte, wollten wir unbedingt vorher noch mal die 3,8 Kilometer Schwimmen, 180 Kilometer Radfahren und die 42,195 Kilometer Laufen im Rennmodus gemacht haben. Routine bekommen, Abläufe optimieren, Fehler korrigieren. In den Wochen vor Tulsa hatten wir vor allem an meiner Ernährung gefeilt. Mit Kuno Hottenrott holten wir einen erfahrenen Ernährungswissenschaftler an Bord, der mir detaillierte Empfehlungen gab, wann ich was aufnehmen sollte. Das brachte mir viel, denn in Tulsa würden die Abläufe pandemiebedingt anders sein, als ich es von anderen Wettkämpfen her kannte. So durfte zum Beispiel niemand privat im Pkw direkt zum Schwimmstart fahren, der rund 45 Minuten außerhalb der Stadt lag. Wir wurden mit Schulbussen hingebracht. Um 3:30 Uhr morgens war Abfahrt. Das wirbelte alles Eingeübte durcheinander: die Frühstückszeit, wann man was trinkt … Da war es gut, sich an Expertenempfehlungen halten zu können. Es beruhigte, gab Sicherheit.

* * *

Überhaupt war ich mit einem guten Gefühl nach Amerika gereist. Die Form stimmte, wir hatten einen tollen Homestay in einem großen Haus mit eigenen Zimmern und einem Basketballkorb im Hof, und wir waren im kleinen Team unterwegs: mein Coach Björn, mein Physiotherapeut und ich. Inzwischen waren wir ziemlich gut aufeinander eingespielt. Die beiden wissen mittlerweile ganz genau, was ich brauche, um in die richtige Schwingung zu kommen, in der ich meine Leistung abrufen kann. Ich brauche keinen großen Presserummel, aber ich muss etwas zu tun haben vor einem Wettkampf. Das kann gemeinsames Kochen sein, ein Tischtennisturnier – oder ein Basketball-Battle. Den lieferten Björn und ich uns in unserem Homestay in Tulsa. Und ich habe ihn, ganz zur Verwunderung des lieben Björn, haushoch gewonnen. Eine Niederlage, die ich ihm noch heute (im Spaß) genüsslich vorhalte, da er mir im Vorfeld komplette Unfähigkeit am Ball attestierte.

Wenn wir gerade nicht an unserer Ballsport-Zweitkarriere feilten, schauten wir uns den Radkurs an. Das taten wir so intensiv, wie ich es noch nie gemacht hatte. Wir teilten die Strecke in einzelne Segmente, die wir nacheinander abfahren wollten. Björn shuttelte mich und Boris, der ebenfalls starten würde, mit dem Auto zum Startpunkt, postierte sich an Straßenkreuzungen, um zu fragen, ob alles okay war, reichte auch mal Getränke und sammelte uns am Ende des Abschnitts wieder ein, um uns nach Hause zu bringen. Dadurch, dass wir die Radstrecke in ihre Einzelteile zerlegten, kannte ich bald die Knackpunkte. Nicht nur in der Theorie, wie das bisher meist der Fall gewesen war. Ich war sie alle gefahren. Ich wusste, wann ein Hügel kommt oder wo ich in einer Kurve rausnehmen musste. Ein weiterer Baustein für mehr Ruhe und Selbstvertrauen am Wettkampftag. Kontrolliere, was du kontrollieren kannst.

* * *

Später wuchs unser Trainingsgrüppchen um zwei weitere Athleten: Mark und Kat Matthews. Björn coachte Kat seit Kurzem, sie würde auch am Rennen teilnehmen. Mark, ebenfalls Triathlet, vor allem aber passionierter Bootsschuhträger, war für den Support mitgekommen und sendete eine (ziemlich witzige) Instagram-Liveberichterstattung vom Rennen. Beide kannte ich schon seit 2019, als ich mit Mark die Vorbereitung für den Ironman Texas machte. Kat war in den Frühjahrstrainingslagern dabei gewesen. Beide sind sehr entspannte, lustige Menschen, die ich gern um mich habe. Sie brachten Lockerheit in den Alltag, und eine Extraportion gute Laune konnte nicht schaden. Vor allem nach dem vorletzten Lauf, den ich vor dem Rennen absolvierte. Es war bullenheiß gewesen und mein Puls war extrem hoch, obwohl ich viel langsamer lief als sonst. Ich fühlte mich einfach rundum mies. Woran das lag? Keine Ahnung. Bis heute nicht. Entsprechend war die Stimmung danach kurz richtig schlecht. Bei mir und auch bei Björn. Der allerdings ließ es sich bei Weitem nicht so anmerken wie ich, sondern versuchte, den Fokus von diesem einen schlechten Lauf auf alle Läufe zu lenken, die gut waren: »Du weißt doch, was du kannst.« Nicht in die Negativspirale kommen.

Für die war am Abend vor dem Rennen dann aber gar keine Zeit. Björn und ich waren schwer beschäftigt: Wir saßen auf der Couch in unserem Homestay und recherchierten, welche Spieler die meisten Tore in der Bundesliga geschossen hatten und wer der Torschützenkönig in meinem Geburtsjahr 1986 gewesen war. Dieses Wissen brachte uns in Bezug auf den anstehenden Wettkampf gar nichts. Doch die Recherche dafür lenkte mich ab. Ich war mit etwas anderem beschäftigt als damit, den nächsten Tag gedanklich aufzublasen. Es war auch nur ein Triathlon. Die Strategie funktionierte super. Ich schlief in dieser Nacht wunderbar. Übrigens: Es war Stefan Kuntz, der in der Saison 1985/86 die meisten Tore geschossen hat.

* * *

Als die gelben Schulbusse uns am nächsten Morgen am Ufer des Stausees ausspuckten, an dem das Schwimmen stattfinden sollte, war es noch stockdunkel. Die

Volunteers, die die Athleten dort in Empfang nahmen, schienen aber schon hellwach zu sein. Gut gelaunt und fröhlich begrüßten sie die ins Freie taumelnden Sportler, lachten und klatschten uns ab. Das Wetter hatte dagegen wenig Lust, sich der guten Stimmung anzuschließen. Schon die gesamte Woche war durchwachsen gewesen. Am Rennmorgen hingen graue Wolken über einem See, der sich farblich kaum von ihnen unterscheiden ließ. Immer wieder regnete es, es war verhältnismäßig kühl. Wir hatten schon damit gerechnet, dass das Wetter nicht toll sein würde. Deshalb war es zwar noch immer nicht »mein« Wetter, aber auch wenn es heftiger regnete als erwartet, war mir das an diesem Morgen egal. Ich wollte loslegen. Wollte wieder auf die Langstrecke, auf meine Distanz, und sehen, zu was ich fähig sein würde.

* * *

Das Schwimmen verlief schon vielversprechend. Eine gute Ausgangslage fürs Radfahren. Optimistisch schwang ich mich aufs Bike. Ich kannte den Kurs und wusste, dass er fast ausschließlich durchs kaum besiedelte Hinterland führen würde; dass der Asphalt schlecht, die Strecke aber dennoch eine der schnellsten sein würde, auf denen ich bisher unterwegs gewesen war. Schon im Training hatte ich einen Schnitt von 38 Stundenkilometern hingelegt, in Abfahrten waren es teils 80 Stundenkilometer gewesen. Was ich nicht einkalkuliert hatte, war der Einfluss des Regenwetters auf die Strecke. Am Anfang konnte ich kaum etwas sehen. Zum einen, weil es ziemlich dunkel und trüb war. Zum anderen, weil der Regen dermaßen an mein Visier prasselte, dass ich kaum die Straße vor mir erkennen konnte, auf die der Regen Schmutz, Steinchen und allerlei anderen winzigen Unrat gespült hatte. Mit dem Auto registriert man das überhaupt nicht, aber auf meinem Aerorenner hatte ich sofort die Bilder vom Ironman Frankfurt 2019 im Kopf. »Kein Platten. Bitte kein Platten«, betete ich.

Lange passierte nichts. Nach 120 Kilometern merkte ich jedoch, dass mein Hinterrad Luft verlor. Ein Schleicher. Schon wieder! In diesem Moment hätte die ganze Arbeit, der ganze Fortschritt der vergangenen zwei Jahre für die Katz sein können. Ich hätte wieder am Rand stehen und den Schlauch wechseln können, während die Konkurrenz an mir vorbeizog. Doch ich entschloss mich, es darauf ankommen zu lassen. Die Dichtmilch, die ich in den Reifen gefüllt hatte, verklebte die undichte Stelle in ausreichendem Maße, sodass ich weiterfahren konnte. Prall war der Reifen allerdings nicht mehr. Bei jedem Schlagloch, in jeder Kurve fuhr ich auf der Felge. Schon bei trockener Straße wäre das ein schwammiges Gefühl gewesen. Bei Nässe war es genau das, was man auf keinen Fall haben möchte. Ich informierte einen Wettkampfrichter, der mich passierte, dass ich das Technikmotorrad brauchte. Es hatte Ersatz-Laufräder dabei. Das komplette Laufrad auszuwechseln, nicht nur den Reifen, nimmt deutlich weniger Zeit in Anspruch. Erlaubt ist das, da das Technikmotorrad als »Mitsportler« zählt. Von außen dürfen Triathleten nämlich im Wettkampf keine Hilfe annehmen, sonst werden sie disqualifiziert, eine Regelung, die gleichermaßen für Profis wie für Hobbysportler gilt. Das Motorrad kam allerdings nie bei mir an.

Scheiße, dachte ich, versuchte aber, mich auf das zu konzentrieren, was ich hatte. Auf das, was ich kontrollieren konnte. Dass ich nicht aussteigen würde aus dem Rennen, war mir klar. Ich begann, mir immer und immer wieder laut vorzusagen: »Ich will das jetzt gewinnen. Ich will das jetzt gewinnen.« Entsprechend verhielt ich mich auch. Ich war in der Führungsgruppe unterwegs, unter anderem mit Florian Angert, Antony Costes und Daniel Baekkegard. Trotz meines Handicaps machte ich immer wieder Druck und versuchte, das Tempo hochzuhalten. Baekkegard und Costes waren starke Läufer. Es konnte nicht schaden, sie etwas müde zu fahren. Doch schnell unterwegs zu sein war gefährlich, erst recht mit Leck im Schlauch. Immer wieder stürzte jemand scheppernd auf den nassen Asphalt, auch Costes rutschte der Reifen weg. Zum Glück stürzte keiner der Profis so heftig, dass sie aufgeben mussten. Und zum Glück blieb auch mir das erspart. Dafür hatte mein Magen begonnen, etwas zu grummeln, aber das ignorierte ich erst mal. Trat umso kräftiger in die Pedale, ging in Anstiegen aus dem Sattel. Ich übernahm die Führung, wollte zeigen: Der Sieg hier geht nur über mich.

Vorangehen, Verantwortung übernehmen - im Wettkampf abzuliefern, bedeutet auch, mutig zu sein.

Mit kaum noch Luft im Reifen, aber entschlossen, das Ding klarzumachen, rumpelte ich als Erster in die Wechselzone. Ich hängte mein Rad an das Gitter, schlüpfte in die Laufschuhe und rannte los – geradewegs zu den Toilettenhäuschen. Das Magengrummeln hatte sich nicht wegradeln lassen. Aber nach dem kurzen Boxenstopp hatte ich es zumindest so weit im Griff, dass ich zuversichtlich war, ohne große Einschränkung laufen zu können. Mehr noch, ich merkte sehr schnell, wie gut meine Beine waren. Trotz Boxenstopp war ich noch immer vorn dabei, nur 30 oder 40 Sekunden fehlten mir auf die Spitze. Ein Rückstand, den ich aufholen konnte. Und wollte. Ich freute mich richtiggehend auf den Marathon, war erleichtert, dass das Rad in der Wechselzone stand: *Endlich laufen, jetzt zeige ich euch mal, wie das geht,* schoss es mir durch den Kopf. Ich war topmotiviert, was sich in einem viel zu schnellen Anlaufen manifestierte: Die ersten zehn Kilometer rannte ich in 35:30 Minuten, das bedeutete eine Pace von 3:33 Minuten pro Kilometer. Normalerweise war ich mindestens zehn Sekunden langsamer unterwegs im Marathon, und wie auf Gran Canaria war ich dabei, grandios zu überzocken. Aber ich wollte ein Zeichen setzen und das Risiko eingehen. Nach all den schlechten Rennen 2019, nach der langen Durststrecke durch die Pandemie wollte ich unbedingt zeigen: Ich bin wieder da! Ich wollte das Rennen nicht nur gewinnen, ich wollte es dominieren.

Björn, der am Straßenrand stand, machte immer wieder beschwichtigende Gesten mit den Händen und rief: »Langsamer, das reicht auf jeden Fall.« Aber ich war entschlossen, bis zum Ziel voll durchzuziehen. Gegen Ende, als klar war, dass ich den Sieg holen würde, und ich etwas lockerließ, dachte ich an meine Mutter. Daran, dass sie überzeugt gewesen war, dass ich wieder gewinnen würde. Der Zieleinlauf nach 7:45:22 Stunden, nach einem 2:36er-Marathon, war hoch emotional. Im Zielkanal riss ich immer wieder die Arme hoch, blickte zum Himmel. Ich griff das Zielbanner und sackte dann auf dem schwarz-roten Teppich zusammen. Das war's. Ich hatte es geschafft. Sportlich und als Person war ich zurück. Willkommen daheim.

* * *

Im Zielinterview sprach ich das erste Mal über die Krankheit und den Tod meiner Mutter. Das hatte ich nicht geplant, es musste einfach aus mir heraus. Und dieses Aussprechen fühlte sich an wie eine Erlösung. Noch im Finisherbereich rief ich Julia an, die das Rennen von zu Hause aus mitverfolgt und mitgefiebert hatte. Sie wusste, wie viel mehr als ein Sieg dieser Erfolg für mich war. Auch Boris, der leider am Vortag umgeknickt war und das Rennen hatte abbrechen müssen, freute sich in seiner zurückhaltenden Boris-Art für mich. Am Abend zogen Kat, die bei den Frauen Zweite geworden war, Mark, Boris, Björn und ich durch die Pubs und feierten diesen Tag. Wir feierten ein Rennen, das ganz anders war als meine erste Langdistanz in The Woodlands, und doch so ähnlich: Beide symbolisieren einen Neuanfang. Einen Neuanfang mit einem Knall. Vor dem Wettkampf hatte mein Woodlands-Gastvater Greg mir eine SMS geschrieben: Er habe geträumt, dass ich in Tulsa ein Statement-Rennen abliefern würde. Nun summte mein Handy erneut auf mit einer Nachricht von ihm: *Statement made.*

Warum in die Ferne schweifen …

Meine sechsjährige Nichte Lucie fasste das, was in dieser Zeit mit mir geschah, sehr treffend zusammen. Vor dem Ironman Tulsa hatte sie ein Bild von mir gemalt. Über meinem Kopf schwebte eine Denkblase, in der ich einen Pokal hochhielt. Gefragt, was das bedeutet, erklärte sie: »Patrick gewinnt, weil er vorher schon gedacht hat, er gewinnt.« Das stimmte. Ich wollte nicht mehr gewinnen, um anderen zu beweisen, dass ich es konnte. Ich wollte gewinnen, weil ich wusste, dass ich es konnte. Am liebsten hätte ich deshalb nach Tulsa sofort weitertrainiert. Ich war so motiviert und so glücklich, dass es wieder lief. Das wäre allerdings nicht schlau gewesen. Eine Langdistanz zehrt an den körperlichen und geistigen Reserven, deshalb machte ich eine Pause, um zu regenerieren. Ließ mich in der Zeit gegen das Coronavirus impfen. Ich ging oft zum Physio, erholte mich. Aber es fiel mir schwer, die Füße stillzuhalten. Es war ja erst Mai, also mitten in der Saison. Ich hungerte nach Rennen. Sobald es ging, wollte ich wieder einsteigen. Doch mit welchen Wettkämpfen? Hawaii am 9. Oktober war als Saisonhighlight gesetzt. Ich brannte darauf, dorthin zurückzukehren und die Erinnerung an das DNF aus 2019 mit einer guten Leistung auszugleichen. Entsprechend rechneten Björn und ich von da zurück, um Rennen festzulegen, die sowohl von der Länge als auch vom Zeitpunkt in den Aufbau passten.

Das Ergebnis: Im Juli wollte ich beim Trumer Triathlon antreten, eine Mitteldistanz nicht weit von meinem Zuhause entfernt. Der Termin lag gut, und so konnte ich mal ein Rennen sozusagen von zu Hause aus bestreiten. Für mich klang das entspannt und kuschelig, in der Praxis war es dann aber ziemlich ungewohnt. Zu Hause ist es gar nicht so einfach, sich genauso auf den Wettkampf zu fokussieren wie in einer anderen Stadt, in der man im Hotelzimmer oder in einem Homestay untergebracht ist. Auch deshalb, weil unsere Bude voll war. Papa war da, mein Physio, mein Kumpel Fabi sowie Niclas und Nick von Pushing Limits. Sie würden mich das Wochenende über mit der Kamera begleiten und dokumentieren, was ein Profisportler in den Tagen und Stunden vor dem Wettkampf so macht. Es kam einiges an Terminen zusammen, die mir kaum Zeit für mich allein ließen: Interviews, Pressekonferenz, Racebriefing, Medaillen an die Kids des Schülertriathlons ausgeben. Aber es machte Spaß. Ich fühlte mich befreit. Das, was ich hier tat, war ein Wollen, kein Müssen mehr. Dass ich mein mir gestecktes Ziel erreichte und mit 3:55:04 Stunden einen neuen Streckenrekord unter dramatisch schlechten Wetterbedingungen aufstellte, war die Kerze auf der Triathlontorte.

* * *

Danach ging das »Zuhause-Experiment« weiter. Zum ersten Mal überhaupt blieb ich den Frühsommer über komplett in Österreich. Björn schrieb mir noch mal eine Schippe mehr in den Trainingsplan, es war eine intensive Zeit. Noch nie hatte ich zu Hause so viel und so konstant trainiert. Auf 32 bis 35 Stunden kam ich pro Woche. Das barg ein gewisses Risiko. Denn anders als im Hotel, wo man sich um Kochen und Einkaufen nicht kümmern muss, erledigen sich solche Aufgaben zu Hause nicht von allein. Ich musste aufpassen, dass die Regeneration nicht zu kurz kam. Für Julia und mich bedeutete das, dass wir uns neu abstimmen mussten. Wir organisierten eine Hilfe für die gröbsten Haushaltsangelegenheiten, Julia begann, das Essen vorzukochen, um den Tagesablauf zu entzerren, wir kommunizierten mehr, um den Alltag besser zu strukturieren. Das klappte gut, ich konnte meinen Trainingsplan umsetzen, der an einem typischen Tag um sieben Uhr morgens mit einer Schwimmeinheit begann. Wenn die locker war, absolvierte ich sie nüchtern, sonst aß ich vorher eine Kleinigkeit. Nach dem Schwimmen gab es ein richtiges Frühstück, zum Beispiel ein Porridge mit Obst, und auf jeden Fall einen guten Kaffee. Danach stieg ich aufs Rad. Nach einer weiteren Mahlzeit und ein paar Stunden Regeneration auf der Couch stand abends entweder noch ein Lauf oder Athletik auf dem Programm.

Ich schaffte es, wochenlang jede Trainingseinheit »piekfein«, wie Björn es nannte, abzuarbeiten. Es gefiel mir, zu Hause zu trainieren, und zwar sehr, dass ich es auf jeden Fall weiter so machen werde. Ich fühle mich wohl in unserem Haus, in dem nichts darauf hindeutet, dass die Menschen, die hier leben, Triathlon machen. Nur der Rahmen des Rades, mit dem ich meinen ersten Ironman gewonnen habe, hängt gerahmt an der Wand, weil er einerseits so ungewöhnlich aussieht, andererseits auch ein Erinnerungsstück daran ist, dass es sich lohnt, immer weiter seine Träume zu verfolgen. Alle Pokale, Medaillen, Startnummern und Wettkampfsouvenirs sind unten im Keller, in meiner »Triathlonetage«. In den Wohnräumen kann ich abschalten. Hier bin ich Patrick, Hausbesitzer und Ehemann, nicht Patrick, der Profisportler. Auch wenn mich meine Recovery-Boots, in denen ich regelmäßig auf dem Sofa sitze, dann doch ein bisschen als Letzteren verraten.

Challenge Roth statt Road to Kona

Ich fühlte mich gut vorbereitet und fit für die nächste Etappe auf meiner »Road to Kona«, die bestenfalls mit dem Gewinn des Collins Cup enden sollte. Das ist ein im Triathlon neues Rennformat, das im August 2021 erstmals ausgetragen wurde. Das Besondere: Mit Europe, USA und International gab es drei Teams sowie für jedes Team zwei Captains, die sich ihre Mannschaft zusammenstellen: zwölf Athleten, sechs Frauen und sechs Männer, die dann jeweils in Dreiergruppen gegeneinander ins Rennen gingen. Ich fand dieses Format super und freute mich sehr, als ich tatsächlich ins Team Europe berufen wurde, zusammen mit Athleten wie Jan Frodeno, Sebastian Kienle, Daniela Ryf und Anne Haug. Einen ordentlichen Dämpfer bekam meine Euphorie allerdings, als Ironman einige Tage vor dem Collins Cup verkündete, dass die Weltmeisterschaft auch 2021 nicht stattfinden würde. Die Infektionszahlen auf Hawaii entwickelten sich aufgrund der neuen Delta-Variante des Virus schlecht. Auf Big Island ist die Anzahl an Intensivbetten sehr begrenzt, und die Veranstalter sowie die lokale Verwaltung fürchteten vor allem, dass es durch die vielen Zuschauer und Begleitpersonen zu Überlastungen des Gesundheitssystems kommen könnte. Verständlich und vernünftig. Doch ich fiel aus allen Wolken. Keinen Gedanken hatte ich daran verschwendet, dass die WM erneut abgesagt werden könnte. Es war doch lange genug Zeit gewesen, Hygienekonzepte auszuarbeiten oder sich eine Alternative zu überlegen. Mir gefiel es nicht, nun einfach vor vollendete Tatsachen gestellt zu werden. Zumal Björn und ich die Saison anders strukturiert hätten, wenn die Nachricht früher gekommen wäre. Da war ja auch noch eine Rechnung mit dem Ironman in Frankfurt offen, der eine Woche vor der Hawaii-Absage stattgefunden hätte.

* * *

Aber gut, sich zu ärgern, würde nichts an den Tatsachen ändern. Als es dann einige Tage später Richtung Samorin in die Slowakei zum Collins Cup ging, war meine Laune schon wieder deutlich besser. So gut, dass ich Björn auf der Fahrt zum Teamhotel mit ein bisschen Hitparade und einer kleinen Sitz-Tanzperformance unterhielt. Fand er super. Die Stimmung vor Ort war toll. Es war wie eine Klassenfahrt. Einerseits machte jeder sein Ding, wenn es um die letzten Wettkampfvorbereitungen ging. Andererseits unternahmen alle drei Mannschaften viel zusammen, machten eine Bootsfahrt mit Dinner, und ich kam vor allem mit jüngeren Athleten ins Gespräch, die ich bis dahin noch nicht gekannt hatte. Es war einfach geil, dabei zu sein. Ich genoss es – bis dann der Renntag kam. Irgendwas hatte ich wohl gegessen, das mir nicht so richtig bekommen war. Jedenfalls hatte ich vorher starken Durchfall. Im Schwimmen lief es trotzdem noch ziemlich gut. Auf dem Rad fingen aber die Oberschenkel an zu krampfen. Es war einfach nicht mehr genügend Substanz da. Dann leitete mich der Streckenposten auch noch falsch, ich verfuhr mich und machte einen Schlenker, der mich fünf Minuten kostete, bevor es erst mal aufs Dixi ging. Das abschließende Laufen war eine muskuläre Vollkatastrophe. Team Europe holte am Ende zwar den Sieg, allerdings eher trotz als wegen meiner Leistung. Ich war frustriert. Auch wenn es diesmal wohl etwas gewesen war, das ich vor dem Rennen gegessen hatte, hatte ich doch die gesamte Saison über immer wieder Verdauungsprobleme im Wettkampf gehabt. Ein doofes Gefühl, vor allem weil wir nicht genau wussten, woran das lag. Um meinen Verdauungstrakt nicht unnötig zu reizen, beschlossen wir, beim nächsten Rennen die Kohlenhydrat- und Koffeinmenge zu reduzieren, die ich unter Belastung aufnehmen sollte. Cola war okay, auf die verzichte ich bis heute beim Laufen nicht. Aber ich merke schon, dass mein Magen über die Jahre auch der süßen Brause gegenüber empfindlicher geworden ist. Also lieber weniger und gezielt.

***

Bei meinem nächsten Wettkampfeinsatz wollte ich unbedingt abliefern. Denn es war einer, der schon seit Langem auf meiner Wunschliste sehr weit oben stand: der Challenge Roth, eine Langdistanz in Franken, die für die gute Stimmung bekannt ist, die sowohl in der Region als auch an der Strecke herrscht. Ihr berühmtester Anstieg, der Solarer Berg, ist zu pandemielosen Zeiten mindestens so dicht mit Zuschauern gesäumt wie die Anstiege der Tour de France. Es gibt Stimmungsnester in fast jedem Ort, den die Athleten passieren. Musik spielt, es hängen Banderolen über den Straßen, auf denen »Welcome Home Triathletes« steht, und in den Schaufenstern der lokalen Geschäfte findet sich fast überall Deko, die irgendwas mit Triathlon zu tun hat. Roth ist Kult, und ganz ähnlich der Monumente im Profiradsport ist der Challenge Roth ein Monument im Triathlonsport. Dort zu gewinnen war etwas ganz Besonderes. Etwas, das ich auf jeden Fall noch schaffen wollte.

Bisher hatte das Rennen allerdings nie in meine Saisonplanung gepasst, denn die Challenge-Family gehört nicht zur Ironman-Serie, weshalb man sich darüber nicht für die Weltmeisterschaft qualifizieren konnte und kann. Und das war bis dato – und wäre auch dieses Jahr – mein Hauptziel gewesen. Nun fiel die WM aus, und es bot sich die Gelegenheit, endlich einmal in Roth an den Start zu gehen. Dass ich das machen würde, war für mich ein No-Brainer. Natürlich wollte ich da hin. Eine Herausforderung war jedoch, dass das Rennen nur eine Woche nach dem Collins Cup stattfinden würde – und wir erst eine Woche davor entschieden hatten, für Roth zu melden. Es hieß also: heim nach Salzburg, Wäsche waschen, umpacken, kurz zum Physio, Auto vollladen und ab nach Roth. Mir war klar, dass die Veranstaltung diesmal wegen der Pandemie ein »Roth light« werden würde, da weniger Zuschauer da sein würden. Aber ich freute mich trotzdem. Es war die richtige Entscheidung, dort zu starten, dessen wurde ich mir immer sicherer, während ich neben Björn auf dem Beifahrersitz meines Audis saß und wir Richtung Franken fuhren. Dabei hatte ich unterwegs gar nicht so viel Zeit, um darüber nachzudenken. Triathlon und Performance waren kaum Thema, obwohl wir fast ununterbrochen schwätzten. Mal redeten wir über die Bundestagswahl, die bevorstand und für die ich meine Briefwahlunterlagen mitgenommen hatte. Vorher hatte ich es nicht geschafft, sie auszufüllen und einzuwerfen. Dann orakelten wir über den Homestay, den wir gebucht hatten. Was würde uns da erwarten? Was machen wir, wenn es da nicht so dolle ist? Aber die meiste Zeit redeten wir einfach einen Haufen Blödsinn.

* * *

Das Gerätsel über den Homestay hätten wir uns ohnehin sparen können. Er war ein Traum. Eine der besten Unterkünfte, in denen ich bisher privat untergebracht war. Wir wohnten bei einer sehr netten Familie in Barnsdorf, das zur Gemeinde Roth gehört. Barnsdorf ist klein und umgeben von Natur: im Westen das Rothauracher Holz, im Osten die Waldgebiete Brunnfeld und Muckenwinkel. Das Grundstück war riesig. Wir hatten ein eigenes kleines Häuschen im Garten, oder besser: eine Art Wildgehege. Morgens und abends standen Rehe auf der Veranda, um uns herum war Wald. Wir hatten die perfekte Infrastruktur, um mehr oder weniger direkt vom Frühstückstisch loszulaufen oder zu radeln. Morgens und abends aßen wir in unserer Unterkunft. Mittags gingen wir rüber ins Haupthaus, in der uns die Familie genau das kochte, was wir haben wollten. In meinem Fall war das diesmal: Reis mit mildem Curry. Kohlenhydratreich und leicht verdaulich. Nach unserer Erfahrung in Samorin wollten wir ernährungstechnisch auf Nummer sicher gehen: nur das essen, was sehr wahrscheinlich weder verdorben noch verunreinigt war und von dem wir wussten, dass ich es vertrug.

Wir unterhielten uns bei den Mahlzeiten viel mit der Familie, sie waren super hilfsbereit und offen. Ich war nicht ihr erster Profiathlet, sie hatten bereits jede Menge Erfahrung mit Roth-Startern. Nicht ohne Stolz erzählten sie zum Beispiel, dass bei ihnen auch schon Lucy Charles-Barclay und Chrissie Wellington gewohnt hätten, die in den jeweiligen Jahren beide das Rennen für sich entschieden hatten: »Wir hatten bisher nur Roth-Gewinner hier«, sagten sie – was mich natürlich überhaupt nicht unter Druck setzte.

* * *

Die wenigen Tage bis zum Rennen vergingen wie im Flug. Weil alles so schön ruhig und harmonisch war, aber auch, weil es immer etwas zu tun gab: Strecke anschauen, Promo-Video für die Social-Media-Kanäle des Veranstalters aufnehmen, Startunterlagen abholen, Fahrrad einchecken. Ich hatte die Startnummer 5 bekommen. Ein gutes Omen. Die Fünf ist meine Lieblingsstartnummer, seit ich damit meinen ersten Weltmeistertitel 2017 gewonnen habe. Außerdem planten wir das Rennen sehr gründlich und gingen verschiedene Rennsituationen durch. Wir kannten die Profistarterliste und wussten, wie wahrscheinlich es war, dass es von Anfang an zur Sache gehen würde.

Nick Kastelein und Braden Currie würden im Schwimmen bestimmt versuchen, Akzente zu setzen und eine Lücke zu reißen. Aber ich war sicher, dass ich vorn würde mithalten können. Durch mein sehr regelmäßiges, strukturiertes Schwimmtraining hatte ich inzwischen gelernt, auf den ersten 500 Metern gut Druck zu machen. Das ist wichtig, denn der Schwimmpart nimmt zwar die geringste Wettkampfzeit ein. Doch im Wasser den Anschluss an die Spitze zu verlieren kann bedeuten, im Radfahren nicht in der Führungs- und vielleicht auch nicht in der Verfolgergruppe dabei zu sein. Einen solchen Rückstand aufzuholen kostet enorme Energie, die dann im Laufen fehlt. Anders als früher, als sich Langdistanzen durchaus auf dem Rad entscheiden ließen, geht dies heute kaum noch. Schließlich sind allesamt in puncto Material und Aerodynamik optimal aufgestellt. Deshalb musste ich im Schwimmen aufmerksam und fokussiert bleiben. »Guck nicht so viel links und rechts, schwimm technisch sauber und huddel nicht rum!«, mahnte Björn. Ich sollte mich darauf konzentrieren, mit langem Körper gestreckt im Wasser zu liegen, mit rundem Zug zu schwimmen und Kontakt zur Spitze zu halten.

Keine wilden Manöver.
Einfach solide durchziehen.

Auf dem Rad gab es verschiedene Szenarien: »Hier kommt es darauf an, wer wegfährt«, schärfte mir Björn ein, der schon viel mit Radsportlern und Profi-Radteams zusammengearbeitet und jede Menge Erfahrung mit Renntaktik und Leistung auf dem Rad generell hat. Unser Plan: Sollte Ruben Zepuntke, ein ehemaliger Radrennfahrer und jetzt Profitriathlet, mit der Brechstange versuchen wegzufahren, dann sollte ich ihn ziehen lassen: »Ihm kannst du fünf oder sechs Minuten zugestehen. Die Chance ist dann immer noch groß, dass du ihn noch einfangen kannst,« kalkulierte Björn. Meine Aufgaben auf dem Rad sahen schließlich vor, dass ich das Rennen:

- aktiv mitgestaltete,
- den Kontakt zur Spitze hielt,
- mich vor allem an Anstiegen vorn zeigte und
- den anderen damit auch mal richtig wehtun sollte.

Eine solch klare Strategie für den Wettkampf zu haben gab mir große Sicherheit. Ich konnte mich wunderbar auf das, was da kommen würde, fokussieren, weil meine

Gedanken nicht mit irgendwelchen hypothetischen Szenarien beschäftigt waren. Zudem wusste ich, dass ich gut im Saft stand. Ich war fit und ich wollte die für mich letzte Chance nutzen, mich dieses Jahr bei einem großen Rennen zu zeigen. Erst recht bei einem großen Rennen in Deutschland, dort hatte ich noch nie bei einem geglänzt. Ich war bereit, alles zu geben.

* * *

Am Abend und in der Nacht vor dem Rennen war ich auf gute Art angespannt. Natürlich machte ich mir ein bisschen Sorgen um das Versorgungs- beziehungsweise Verdauungsthema. Doch ändern konnte ich jetzt nichts mehr – und diesmal kapierte das auch der kleine Katastrophist in meinem Kopf und kooperierte. Glücklicherweise waren diese Sorgen auch völlig unbegründet gewesen. Mein Magen machte am darauffolgenden Tag anstandslos mit. Ich konnte mich auf dem Rad ausbelasten, ohne dass ich das Gefühl hatte, in Aeroposition meinen Mageninhalt irgendwohin zu drücken, wo ich ihn gerade gar nicht brauchen konnte. Das wäre auch fatal gewesen, denn wir fuhren vorn ein richtiges Rennen. Ich war froh um unseren Schlachtplan, hielt mich an das, was wir ausbaldowert hatten, und attackierte vor allem auf den welligen Streckenabschnitten. Wie erwartet hatte sich Ruben Zepuntke früh abgesetzt. Aber so richtig weg ließen meine Erdinger-Teamkollegen Andi Dreitz, der das Rennen 2019 gewonnen hatte, Nils Frommhold und ich ihn nicht kommen. Es war eine unglaubliche Dynamik. Ein kurzer Moment der Unaufmerksamkeit konnte schon bedeuten, den Anschluss zu verlieren.

***

»Komm, zeig dich«, brüllte Björn mich vom Streckenrand an. »Lieber eine Minute im Laufen riskieren!« Ich musste ganz schön beißen. Die ersten eineinhalb Stunden waren wir eher mit einem Tempo unterwegs gewesen, das für eine 70.3-Distanz angemessen gewesen wäre: fast 45 Stundenkilometer Durchschnittsgeschwindigkeit. Außerdem zehrte die Rother Radstrecke mit ihren Wellen und einigen bissig-steilen Anstiegen ganz schön an der Muskulatur. Auch im Flachen gab es keine Chance, sich auszuruhen. Oft musste ich da ganz schön kämpfen, um an den anderen dranzubleiben. Als kleiner, leichter Fahrer macht einem in der Ebene ein wenig die Physik zu schaffen, denn Masse rollt bekanntlich gut, wenn sie erst mal in Schwung gebracht wurde. Gleichzeitig merkte ich jedoch auch, wie gut mir das Training mit meinen Radprofi-Freunden in Salzburg getan hatte. Meine Fahrtechnik war viel besser geworden, ich navigierte in Abfahrten sicherer, trat Anstiege konstanter hoch und war angriffslustiger. Wenn es hart wurde, stellte ich mir oft vor, dass vor mir nicht Andi Dreitz oder Nils Frommhold fahren, sondern mein Radkumpel Gregor. *Der haut mir nicht ab. Ich muss versuchen, an ihm dranzubleiben,* pushte ich mich selbst. Den Anstieg in Greding, den wir zweimal überfahren mussten, hatten Björn und ich als einen Schlüsselpunkt ausgemacht. »Da trittst du drauf, und die anderen werden rauchen«, hatte Björn vorhergesagt. In der zweiten Runde klappte es tatsächlich. Ich ging aus dem Sattel, und die meisten meiner Mitfahrer verschwanden nach hinten wie an einem Gummiband gezogen. Unsere Fünfergruppe schmolz zusammen auf Nils Frommhold, der das Rennen 2015 gewonnen hatte und die Strecke gut kannte, und mich. Vor uns war nur noch Ruben Zepuntke – mit einem Abstand, der unseren Berechnungen nach gering genug war, um im Laufen die Sache klarzumachen.

Rund vier Minuten hinter dem ehemaligen Radprofi kamen Nils und ich in die zweite Wechselzone. Mein Magen hatte nicht ein einziges Mal gemuckt. Meine Beine fühlten sich gut an. Ich rannte los. Doch anders als in Tulsa, wo ich für Ironman-Verhältnisse losgespurtet war, achtete ich diesmal darauf, eine konstante Pace zu laufen und mich gut zu ernähren. »Denk dran, zu essen und zu trinken«, rief mir Björn einmal zu, beschränkte sich ansonsten aber darauf, mir die Abstände zu den Athleten hinter und Zepuntke vor mir durchzugeben. Während Erstere immer größer wurden, schmolz die Lücke zwischen Ruben und mir wie Butter auf einem heißen Toastbrot. Nach sechs Kilometern hatte ich ihn eingeholt.

»So, und jetzt konzentrier dich nur auf dich!«, schrie Björn. Das tat ich. Auch wenn sich das harte Radfahren nun bemerkbar machte und ab Kilometer 35 meine

Beine schon recht vehement dagegen protestierten, dass sie noch weiterarbeiten sollten. Das Stück nach Büchenbach, wo es noch mal eine Verpflegungsstation gab, war heftig. Man läuft einsam auf einer langen Geraden durch den Wald, und auch zu gewöhnlichen Zeiten, wenn keine Corona-Pandemie die Welt im Würgegriff hat, stehen hier kaum Zuschauer. Nun war es wie ausgestorben. Es gab wenig, um sich von den Schmerzen in den Beinen abzulenken. Also konzentrierte ich mich darauf, dass ich in Büchenbach ein bisschen rausnehmen würde: »Mach an der Verpflegung langsam«, hatte Björn mir nämlich geraten. Ich sollte in Ruhe nochmals Energie aufnehmen, um bis zum Ende durchziehen zu können. Ich drosselte das Tempo ein wenig, nuckelte an einem Gel und trank etwas. Ich war auf Siegkurs. Diesen Erfolg würde ich mir nicht mehr nehmen lassen.

Es klappte. Und wie. Mit jedem Kilometer, den ich zurück nach Roth hinter mich brachte, schien es ein bisschen leichter zu werden. Gut elf Minuten vor dem Zweitplatzierten Nils Frommhold rannte ich ins Stadion in Roth. Der grüne Teppich, die berühmte Ehrenrunde. Das Finisher-Tor. Das Klatschen. Ich würde dieses Triathlonmonument tatsächlich gewinnen. Mein erster Sieg bei einem großen Rennen in Deutschland! Und ein weiterer kostbarer Haken auf meiner Bucket-List, die ich 2016 als großer Listenfreund erstellt hatte. Nach dem dritten Platz auf Hawaii hatte ich im Auto gesessen, auf dem Rückweg von einem Podcast-Interview mit Triathlon-Urgestein Bob Babbitt, und hatte aufgeschrieben, was ich als Profi noch alles schaffen möchte. Dort standen zum Beispiel ein Sieg auf Hawaii (2017 und 2018), diverse Siege über die Halfironmandistanz, den Laufrekord bei einer Ironman-Langdistanz (mehrfach) oder Siege in Frankfurt und Roth. Nun konnte ich auch einen Haken hinter den Punkt »Sieg beim Challenge Roth« setzen, jetzt fehlt nur noch der Punkt »Sieg beim Ironman in Frankfurt«. Den möchte ich unbedingt auch noch abhaken. Genauso wertvoll, wie es der oberste Podestplatz in der Mainmetropole wäre, ist für mich mittlerweile aber die Erkenntnis, dass ich diesen Sport nicht nur wegen der Siege mache. Natürlich, gewinnen ist schön und wichtig, und wenn ich antrete, dann möchte (und kann) ich auch ganz oben auf dem Treppchen stehen. Was mich aber auch antreibt, ist das Gefühl, etwas bewegen zu können mit dem, was ich tue. Dass ich jungen Menschen zeigen kann, dass man mit Disziplin etwas erreichen kann und dass Sport und Bewegung Spaß machen. Auch deshalb sammle und beantworte ich jeden Brief, den ich von jungen Fans bekomme.

* * *

Auf der Finishline-Party im Rother Challenge-Stadion wurde ordentlich Party gemacht. Blinkende Discolichter um uns herum, Feuerwerk über uns. Musik. Wir feierten jeden Athleten, der hier noch einlief. Wir feierten meinen Sieg. Vor allem aber feierten wir das, was wir in den vergangenen Monaten zusammen erarbeitet hatten. Von außen betrachtet könnte man sagen, ich habe die Kurve gekriegt. Ich habe mein Comeback geschafft. Aber eigentlich ist es gar keine Rückkehr. Es ist eine Entwicklung. Eine, die noch nicht zu Ende ist.

Zielsprint

Früher habe ich viel an meinen Mountainbikes herumgeschraubt. Ich habe sie getunt und Dinge gemacht, wie Löcher ins Schaltwerk zu bohren, um Gewicht zu sparen. Das ging nicht immer gut. Heute würde mir das nicht mehr passieren. Es war ein Prozess. Man probiert etwas aus, schaut, ob es funktioniert, und macht es dann gegebenenfalls anders. Das Ziel – in diesem Fall ein leichtes Bike – bleibt aber das gleiche.

* * *

Als ich anfing, ernsthaft Triathlon zu betreiben, fanden das nicht alle gut. Menschen, die mir eigentlich nahestehen sollten, versuchten, mich zu überzeugen, doch lieber »etwas Gescheites« zu machen. »Das wird nichts mit dem Sport«, hieß es, oder: »Du hechelst da einem Hirngespinst hinterher«. Wenn einem vermittelt wird, »irgendwie anders« zu sein, und man Steine in den Weg gelegt bekommt – das hat mich in meiner Jugend sehr beschäftigt. An meinem Ziel hat das aber nichts geändert: erfolgreich im Triathlon zu sein.

Dieser Erfolg hat sich mittlerweile in verschiedenerlei Hinsicht eingestellt. In Form von Siegen, Weltmeistertiteln und Auszeichnungen. Ich reise durch die Welt und lerne jede Menge interessanter Leute kennen. Der Sport hat mich aber auch zu dem Menschen gemacht, der ich heute bin. Und das verlief alles andere als geradlinig. Ich habe Fehler gemacht. Ich musste Rückschläge einstecken. Ich habe Weckrufe gebraucht, um die Tiefe dessen zu verstehen, was ich tue. Warum ich es tue. Einen dieser Weckrufe bekam ich, als ich kurz davor war, den Profisport aufgeben zu müssen. Als ich sportlich ohne finanzielle Möglichkeiten dastand. Da begann ich zu zweifeln, ob nicht diejenigen recht hatten, die sagten, dass ich es nicht schaffe. Dann kam mit Ibrakom ein Sponsor, der an mich glaubte und mir die Chance gab, doch weiterzumachen. In dieser Situation, in der es fast vorbei gewesen wäre, wurde mir klar, wie wichtig mir der Triathlon ist und dass ich bereit bin, ihm einen großen Raum in meinem Leben zu geben.

* * *

Damals machte ich das, um allen – inklusive mir selbst – zu beweisen, dass ich es kann. Das hat als Antrieb funktioniert. Zumindest für eine Weile. Doch weil ich alles daransetzte, einem Bild zu entsprechen, das andere von dem Sportler Patrick Lange haben sollten, vernachlässigte ich mehr und mehr die Bedürfnisse, die ich als Person Patrick Lange hatte. Bis zum Tiefpunkt 2019.

Heute würde ich bei der WM nicht mehr an den Start gehen, wenn ich krank bin – amtierender Weltmeister hin oder her. Ich habe inzwischen auch ein Umfeld, das so ein Himmelfahrtskommando nicht zulassen würde. Zu keinem Zeitpunkt war es so, dass ich schlechte Menschen um mich gehabt hätte. Es gab nur einige, von denen ich mich trennen musste, weil sie *für mich* nicht gut waren. Und um damit Platz für diejenigen zu schaffen, die mir Energie geben. Ich bin dankbar für jeden Einzelnen von ihnen. Für Faris, der mir den Kopf geradegerückt und meinen Fokus auf die wesentlichen Dinge gelenkt hat. Durch ihn bin ich zum Vollprofi geworden. Für meinen Laufcoach und engen Freund Wolfgang Schweim, der mir in stundenlangen Gesprächen einen neuen, teils spirituelleren Blickwinkel auf viele Dinge eröffnet hat. Für meinen Vater, der mich immer unterstützt hat, ohne Leistung zur Bedingung zu machen. Für meine Frau Julia, die mein Anker ist und mein Zuhause, gleichzeitig aber auch eine kritische Gesprächspartnerin, die mich dazu bringt, Perspektiven einzunehmen, die ich sonst ignoriert oder nicht gesehen hätte. Für mein kleines Team, das alles dafür tut, damit ich mich wohlfühle.

Zu diesem Wohlfühlen gehört auch, mit jemandem zu reden, der Ahnung von Psychologie hat. Das hätte ich rückblickend viel früher tun sollen. In solchen Gesprächen geht es selten um Sport, sie setzen beim Leben ganz allgemein an. Dadurch lerne ich, mich selbst und bestimmte Gedanken besser zu verstehen. Ich bin insgesamt glücklicher, meine Grundstimmung ist positiver.

Und ich habe die Mittel, verbal auszudrücken, welche Bedürfnisse ich habe. Das konnte ich früher nur über Verhalten und Körpersprache – beides für andere Menschen ohne zusätzliche Informationen kaum zu interpretieren. Mit dem Wissen, das ich heute habe, würde ich ab meinem Hawaii-Sieg 2018 vieles anders machen. Ich möchte in Kona noch einmal gewinnen, noch (mindestens) einmal Weltmeister werden. Ganz klar. Wann das ist, wird sich zeigen. Ich glaube, oder nein, ich bin mir sicher, dass ich in den nächsten fünf Jahren auf der Langdistanz noch so wettbewerbsfähig sein werde, dass ich vorn mitreden kann. Ich möchte in Roth noch einmal starten, wenn keine Pandemie herrscht, und die Stimmung dort in Gänze erleben. Da ist der Sieg beim Ironman Frankfurt, der als einziger Punkt auf meiner Bucket-List noch kein Häkchen hat. Und ich möchte mich auf der 70.3-Distanz verbessern, da habe ich mein volles Potenzial noch nicht gezeigt. Ich bin noch nicht bei 100 Prozent und ich brenne darauf herauszufinden, wie weit ich gehen kann. Das treibt mich an. Das und die Hoffnung, Menschen mit dem, was ich tue, zu inspirieren.

***

Es ist ein Privileg, dass ich tagtäglich diesen Sport ausüben darf. Weil es das ist, was ich möchte. Und weil es das ist, was ich am besten kann. Ich bin dankbar dafür, dass ich nicht 60 Stunden pro Woche in irgendeinem Unternehmen buckeln muss, und versuche nun, die

Weichen zu stellen, um finanziell unabhängig zu sein. Wenn ich einmal Kinder habe, möchte ich in der Situation sein, selbst zu entscheiden, ob ich weiter auf diesem Level Sport machen möchte – was sicherlich möglich ist, wie andere schon bewiesen haben – oder ob ich das Training der Familie unterordne. Vielleicht lege ich mir dann ein Hobby zu, kaufe einen Oldtimer, an dem ich herumschraube und mit dem ich Rallys fahre. Oder ich baue alte Fahrräder auf, lerne richtig gut kochen oder klettern.

* * *

Auf jeden Fall möchte ich auch über meine aktive Zeit hinaus im Triathlon bleiben. Viel von dem, was ich in den letzten Jahrzehnten gelernt habe und noch lernen werde, ist es wert, weitergegeben zu werden. Vielleicht in Seminaren und Vorträgen, in der Nachwuchsförderung, gern aber auch in der Zusammenarbeit mit Altersklasse-Athleten. Nicht als Coach mit Dutzenden Sportlern, sondern mit einer kleinen Gruppe Agegroupern, die hochwertig und engmaschig betreut wird. Als jemand, zu dem Athletinnen und Athleten mit ihren Zielen kommen können und der ihnen hilft, sie zu erreichen.

Ich möchte vermitteln, dass man sich von niemandem vorschreiben oder ausreden lassen sollte, was man träumt. Dass man weitermachen soll. Aber, Leute, bei allem Ehrgeiz: Verliert den Spaß an der Sache nicht! Lasst auch mal eine Einheit aus, wenn es zu viel wird.

Vernachlässigt eure Familie nicht, um zwei Minuten schneller zu sein im Ironman. Lasst öfter mal die Uhr weg und macht einfach. Macht euch locker!

* * *

Ich selbst habe unter anderem durch die Pandemie erfahren, wie viel Energie es einem gibt, eine Zeit lang mal keinen Sport zu machen, komplett rauszugehen aus dem Triathlon und die Batterie aufzuladen. Mir genügt es, in Trainingsphasen zwischendrin nur auf dem Sofa zu sitzen, Netflix zu schauen oder zu lesen. Genauso genieße ich es in Pausenzeiten aber, mit guten Freunden einen lustigen Abend zu verbringen, ohne über die Konsequenzen für den nächsten Tag nachzudenken.

* * *

Ich bin kein Getriebener mehr. Aber fertig bin ich noch lange nicht.

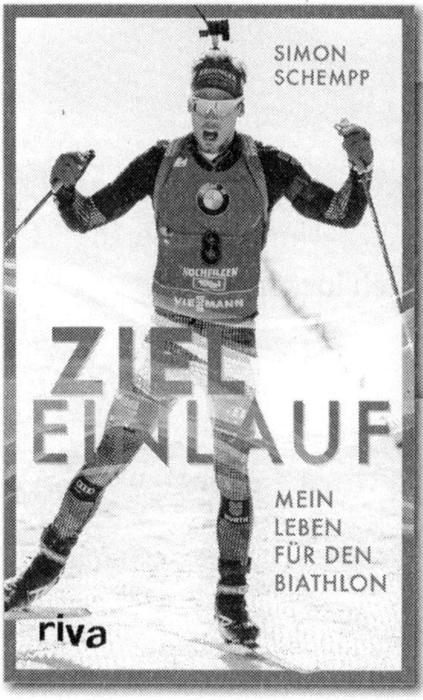

Auch als **E-Book** erhältlich

304 Seiten
22,00 € (D) | 22,70 € (A)
ISBN 978-3-7423-1928-9

Schempp, Simon

Zieleinlauf

Mein Leben für den Biathlon

Simon Schempp war lange Zeit die Nummer eins der deutschen Biathleten. In einem packenden Finish wurde er 2017 in Hochfilzen Weltmeister im Massenstart. Hinzu kamen drei weitere Weltmeistertitel mit der Staffel, deren nervenstarker Schlussläufer er über Jahre hinweg war. Neben weiteren großen Erfolgen prägten aber auch Rückschläge und Verletzungen seine Karriere. Nun gewährt Schempp ganz persönliche Einblicke hinter die Kulissen des Biathlonzirkus. Er erzählt von packenden Rennen, vom gegenseitigen Respekt unter sportlichen Rivalen, von Vorbildern, vom oft entbehrungsreichen Alltag der Athleten und davon, wie er mit dem immensen Druck am Schießstand umgegangen ist. Seine Autobiografie ist das authentische und sympathische Zeugnis eines Spitzensportlers und ein Fest für alle, die seine Faszination für die spannendste Wintersportart der Welt teilen.

riva